U0876643

汽车维修企业
运营与管理

主　编　李秀峰
副主编　袁　洁　王志强　刘　向

同濟大學出版社
TONGJI UNIVERSITY PRESS

图书在版编目(CIP)数据

汽车维修企业运营与管理 / 李秀峰主编. --上海：同济大学出版社,2021.5

ISBN 978-7-5608-8461-5

Ⅰ. ①汽… Ⅱ. ①李… Ⅲ. ①汽车—修理厂—工业企业管理—高等职业教育—教材 Ⅳ. ①F407.471.6

中国版本图书馆 CIP 数据核字(2021)第 062534 号

汽车维修企业运营与管理

主编 李秀峰

责任编辑 朱 勇 **责任校对** 徐春莲 **封面设计** 陈益平

出版发行 同济大学出版社 www.tongjipress.com.cn

(地址:上海市四平路 1239 号 邮编:200092 电话:021-65985622)

经 销 全国各地新华书店

印 刷 启东市人民印刷有限公司

开 本 787mm×1092mm 1/16

印 张 12.25

字 数 306 000

版 次 2021 年 5 月第 1 版 2021 年 5 月第 1 次印刷

书 号 ISBN 978-7-5608-8461-5

定 价 45.00 元

前　　言

中国正在迈入一个全新的出行时代，有超过2.8亿辆汽车行驶于公路上。预计到2023年，中国将成为全球汽车保有量最多的国家，与汽车保有量一同增长的还有车龄。毫无疑问，未来对于汽车的售后服务需求将会越来越大，需要广大的汽车维修企业提供优质、专业的产品和服务。

汽车技术日新月异，新能源化、智能化、互联化、共享化已经走进我们的日常生活。汽车产业的四大趋势，即ACES：自动驾驶（Autonomous）、智能网联（Connected）、新能源（Electrified）和共享（Shared），将会对整个汽车产业产生根本的影响，改变整个行业的游戏规则。ACES在未来的10年中对行业产生的变化可能会大于汽车产业过去50年所发生的变化，而且，未来这四大趋势会相互促进、自我加强。目前存在的问题在于应对汽车的新技术趋势，中国的汽车后市场整体而言并不成熟，处于发展的初期，缺乏统一的规范和技术储备。具体体现在三个方面：一是法律法规不成熟，新能源、智能网联、自动驾驶方面缺乏相关法律和行业规范来指导后市场的运作，后市场的从业人员仍在摸着石头过河；二是新能源主机厂，特别是“造车新势力”，汽车售后管理经验不足，风险意识和成本评估不准确，汽车维修和服务网络没有完全建立起来，导致其新能源汽车的故障维修和保养出现困难，出现客户不满意和客户流失的情况；三是后市场的各供应商、渠道商、维修企业还没有准备好，体现在技术储备不足、人才体系不健全、维修保养设备也不成熟。

出于为中国汽车后市场的维修企业提供最大支持的目的，我们编写了本书，用于职业院校或应用型本科汽车相关专业的教学，同时帮助维修企业的管理人员高效地开展日常运营工作，游刃有余地面对市场上的种种挑战。

编者在汽车服务行业从业逾10年，现为博世汽车服务技术（苏州）有限公司总经理。博世汽车服务品牌在1998年进入中国，2012年，中国第一家博世车联直营店落户北京，如今，博世汽车维修连锁和博世汽柴油服务中心在中国市场全面落地。本书总结了博世汽车维修企业管理的经验，融合了汽车技术、市场营销、财务会计、人力资源管理等各学科的知识，提供了有效的汽车维修企业管理标准和流程。本书是博世创新创业孵化基地校企合作项目的课程教材,希望本书能对即将从事汽车维修行业的学生和相关企业的管理运营人员有所帮助。

编　者

2020.12

目　录

第 1 章

中国汽车维修行业现状

1.1 中国汽车产业

1.1.1 中国发展汽车产业的战略抉择

在中国经济发展提质增效中，通过实施产业转型升级和经济结构的战略性调整，确保中国经济长期可持续发展成为根本性的核心任务，而提升制造业的水平则是重中之重。汽车产业正是提升制造业水平的最佳突破口之一，是国民经济主要的支柱性产业。建设汽车强国是实现制造强国的重要支撑。

原因之一，汽车在国民经济中的重要地位无可比拟。

以规模和产值看，2019 年，中国汽车产销量突破 2 500 万辆，而美国即使在最巅峰时期也不过 1 700 万辆。2019 年，仅汽车产业本身产值就超过 10 万亿元，汽车产业增加值、税收、消费、就业均超过全国总量的 10%，汽车产业在国家经济增长和财富积累方面的推动作用是非常明显的，这也是很多国家和地区发展经济时首选汽车产业的原因之一。

以吸纳就业看，汽车不但自身产业就业队伍庞大，而且带动相关产业，比如零部件制造业、金融业、服务业的间接就业数量更为可观。目前，中国汽车行业直接就业人数逾 300 万，带动相关产业就业人数超过 3 000 万，占全国城镇人口就业人数的 11%。这还不包括因汽车工业而产生的基础建设、管理部门以及非汽车产业中与汽车使用有关的就业。

以发展潜力看，根据世界银行的报告，2019 年，中国千人汽车保有量仅为 173 辆，同比美国千人汽车保有量为 837 辆，日本千人汽车保有量为 591 辆，而俄罗斯、巴西等发展中国家分别为 373 辆和 350 辆。越来越多的中国人开始有能力购买汽车，一些大城市的限购、限行恰恰从侧面反映出中国汽车消费的潜力巨大。随着中国全面步入小康社会，预期居民收入大幅增加，将为汽车消费带来更大商机。同时，中国制造的汽车将扩大出口，开拓国际市场，目前，国产品牌汽车已经在亚太地区和非洲占据一席之地。中国汽车产业走向世界将为国家带来巨大的就业机会和税收收入。

原因之二，汽车产业的基础性、关联性和带动性绝无仅有。

汽车产业是以整车产品的研发、制造、销售为主线，贯穿原材料、机械、电子、能源、金融、服务以及基建等各个领域，涉及人才、管理、技术、品牌等诸多要素，几乎与现代民用产品的方方面面都有关联的立体式产业网络。其巨大的拉动效应几乎覆盖了整个制造业，甚至延伸到制造业之外的相关产业。要想在激烈的竞争中赢得优势，汽车厂不仅要做好自己的规划、研发、采购、生产、销售和售后，做好自己的管理、技术、法务和财务，还需要相关产业的支持。例如新能源汽车驱动电池和动力系统的基础工业水平、制造装备和工艺，决定了新能源汽车的性能和水平。

作为民用工业中最为复杂的产业，汽车的产业链长，涉及面广，资金、人才、技术都高度密集。因此，建设汽车强国的过程，也是提升机械、材料、电子、能源等相关产业水平的过程，是促进金融、服务、基建等领域发展的过程，是国家不断改善创新环境、通盘考虑产业政策、有针对性开展人才培养的过程，也是培养技术水平高、管理水平高的优秀人才大军的过程。因此也可以说，建设汽车强国正是建设制造业强国的最直接的拉动力和最有效的举措。

综上所述，从国民经济中的地位、对经济增长的贡献度以及符合产业结构的演进方向等方面来看，汽车产业毫无疑问已经成为国民经济中举足轻重的支柱性产业。目前，中国已经进入深化改革的攻坚期，做强汽车产业无疑是持续增长、以质取胜、提升制造业含金量的重要战略抉择。

1.1.2 汽车产业发展现状

2019 年是中国汽车产业不同寻常的一年。当前，中国汽车产业进入多维度、多层次的重大变革期，产销总量调整幅度超过预期，产业开发与全球合作不断加深，“电动化、智能化、共享化”加快融合发展。

1. 中国汽车市场产销分析

由于多重因素的叠加影响，2018 年，中国汽车产销出现了自 1991 年以来的首次下滑，2019 年持续下滑。市场整体下滑对产业发展造成了复杂的影响，多家车企业绩低于预期，经营压力明显增大，短期内乐观或者向好的因素仍未显现，各大车企经营承压，部分后部企业可能在跌宕中面临被淘汰出局的风险。

2019 年，我国汽车产销分别完成 2 572.1 万辆和 2 576.9 万辆，较上年同期分别下降 7.5%和 8.2%。从销量来看，上汽、一汽、广汽、吉利等汽车集团实现了产销增长，东风、长安、北汽等汽车集团均出现了不同程度的下滑，实际市场表现低于多家企业的发展预期。自主品牌受到车市调整的影响更大，抗风险能力不足，2019 年中国品牌乘用车公司销量前 15 名中，仅吉利、广汽、奇瑞、比亚迪实现了增长，其余车企产销量均出现了不同程度的下滑，部分车企下滑超过 20%。

2. 中国汽车产业开放

在产销下滑、需求不振的背景下，中国汽车产业依然在行业改革、对外开放等方面再次迈出关键一步，明确股比开放与取消合资企业数量限制的时间节点、下调关税、将汽车投资项目由核准改为备案管理，成为年度标志性事件；全球投资与并购、产能布局等多维并举，“引进来”“走出去”双向互动，中国汽车产业正以更加开放、更具竞争力的姿态融入并参与国际化、全球化。

在党中央、国务院关于深化“放管服”改革、全面开放一般制造业决策部署的指引下，2018 至 2019 年上半年，国务院关税税则委员会、国家发展改革委、商务部等相继出台了《关于降低汽车整车及零部件进口关税的公告》《外商投资准入特别管理措施（负面清单）（2019 年版）》等相关政策法规。政策一经出台，便得到了企业的迅速响应，2018 年 10 月，华晨汽车与宝马汽车共同宣布华晨汽车拟在2022年前以290亿元人民币向宝马出售华晨25%的权益，宝马将以75%股比实现控股，成为20多年来首家打破50∶50股比的国内合资企业。2018年7月，特斯拉和上海市政府签订协议，特斯拉公司将在上海临港地区独资建设集研发、生产、销售等功能于一体的超级工厂。

中国汽车产业全面开放，也体现在中国车企更积极地寻求海外布局，通过投资并购、产能布局等多层次战略推进，加快融入国际化、全球化，拓展新的增量空间，提升全球影响力。继2017年收购马来西亚宝腾汽车49.9%的股份和收购英国跑车制造公司路特斯51%的股份后，吉利汽车已经拥有沃尔沃、宝腾、路特斯三个国际品牌的股份；2018年3月，吉利以90亿美元收购戴姆勒9.69%的股份，并成为戴姆勒的最大股东。在产能与研发布局方面，2018年7月，宁德时代与德国图林根州签署投资协议，将在该州建立电池生产基地及智能制造技术研发中心，未来将为大众、宝马、戴姆勒、捷豹路虎、PSA等全球领先车企配套。2019年4月，上汽集团位于印度的整车生产基地正式建成投产，用于生产MG品牌新车，这是上汽集团继泰国、印尼之外的第三个海外生产基地。

3. 中国汽车产业新动能

汽车技术日新月异，新能源化、智能化、互联化、共享化已经走进我们的日常生活中。汽车产业的四大趋势，即ACES：自动驾驶（Autonomous）、智能网联（Connected）、新能源（Electrified）和共享（Shared），会对整个汽车产业产生根本的影响，改变整个行业的游戏规则（图1-1）。ACES在未来的10年中对行业产生的变化可能会大于汽车产业过去50年所发生的变化，而且，未来这四大趋势会相互促进，自我加强。

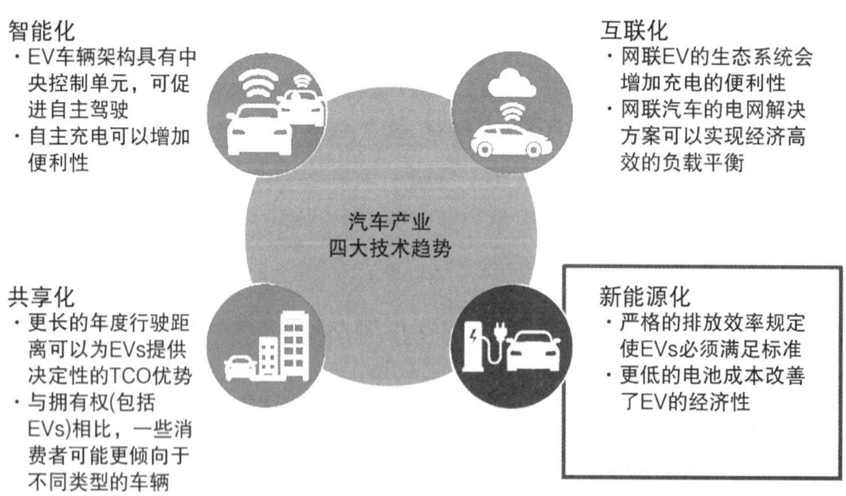

图1-1　汽车产业的四大技术趋势ACES

四大趋势之中，新能源汽车在短期内将对汽车产业带来巨大变化：

（1）新能源的核心技术趋于成熟，技术迭代速度快于预期，比如电池的效率提升既降低了电池的生产成本，又增加了续航里程。

(2) 城市化进度加快，对新能源汽车和绿色出行的需求拉动力增加。

(3) 国家层面、地方层面的新能源支持政策持续存在，促进产业升级和消费；消费者对新能源车的接受程度和喜爱程度在增加。

全球新能源汽车市场处于快速增长的周期，2019 年，我国新能源汽车产销量分别完成 124.2 万辆和 120.6 万辆，比上一年同期分别下降 2.3%和 4.0%。其中，新能源乘用车产销量分别为 109.1 万辆和 106.6 万辆，同比增长分别为 2.0%和 1.2%，新能源商用车产销量分别为 15.0 万辆和 14.6 万辆，产销量同比下降 25%和 28.1%。中国新能源汽车市场在全球占主导地位，占比超过 40%(图 1-2)。

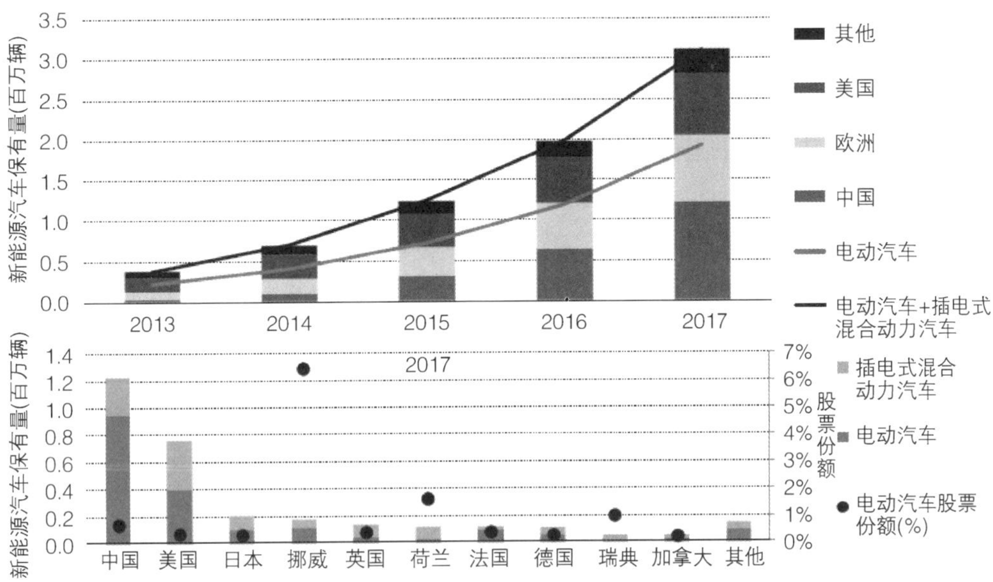

图 1-2　全球各区域的新能源汽车保有量和前十国家分析

新能源汽车产业的高速增长与国家补贴政策的扶持密切相关。未来，随着补贴的进一步退坡直至退出，如何解决消费者充电难、里程焦虑、购置成本居高等问题，形成真正的市场主导，激发消费者购买需求，如何在双积分政策规制之外形成企业研发、生产、推广新能源汽车的内生动力，形成市场有需求、企业有动力的良性循环，是新能源汽车产业可持续高速增长面临的最大挑战。

1.1.3　未来出行对汽车产业的影响

人类每一次出行方式的变革，都伴随着新技术、新模式的发展，以及人类对安全、高效、便捷出行的追求，催生了新的出行产业和出行生态。"未来出行"采用电动汽车、智能网联汽车、无人驾驶交通系统等低排放智能出行工具，借助共享出行、按需服务、乘客经济等新的商业模式，深度连接和融合了公共、共享、私人以及"水陆空铁"等多种出行方式，并与智慧城市新型基础设施协同共生，最终实现低碳智能出行服务的供给与需求之间最为匹配的“出行即服务”的全新出行生态系统。

面向未来出行，预计到2035年，中国汽车产业可能因为人们出行偏好和生活习惯的变化而发生巨大的甚至颠覆性的变革。人的“安全、经济、绿色、高效、公平、愉悦”出行需求和数字化生活方式将成为生态系统的中心，按需出行成为生活新风尚，消费开始从买车转向买服务，从拥车转向用车，其背后体现了数字化生存时代消费者出行的偏好更迭。

据《中国汽车产业发展报告》预测，为共享出行市场而全新开发的定制化共享汽车将成为新的市场需求。而随着汽车的电动化、智能化的发展，未来汽车将最终演变成为除了家、办公室之外的第三空间。无人驾驶将解放人类的双手，人们在车内可以进行购物、娱乐、阅读、会客、办公等各种活动，并催生新的乘客经济形态。

各汽车品牌企业将经历战略和组织架构调整，从目前以产品硬件为中心的企业战略，向以硬件、软件、服务相结合的企业战略转变，企业业务布局、组织架构、人力资源等各方面将全面调整。对应的产品供应将从目前主要面向私人拥有的传统燃油车，向标准化、定制化共享汽车转变，共享出行同时会加速汽车电动化、智能化的渗透，未来汽车将最终演变为电动智能共享的第三空间。而商业模式将从目前以汽车制造销售为主的商业模式，向以出行服务、数字化服务为主的商业模式转变，并带来产业价值链重心的进一步后移。市场规模将从目前汽车销量总体保持增长、产业规模持续扩大，向汽车销量增长放缓甚至明显下滑，但产业规模仍将持续增长转变。

1.2 中国汽车后市场概况

1.2.1 汽车后市场

汽车后市场是指汽车销售以后，围绕汽车使用过程中的各种服务，它涵盖了消费者买车后所需要的一切服务。也就是说，汽车从售出到报废的过程中，围绕汽车售后使用环节中各种后继需要和服务而产生的一系列交易活动的总称。

消费者购车流程中，当新车完成交付后，就进入了汽车后市场，因此，汽车后市场是一个非常庞大的概念。汽车后市场广义上囊括汽车售出之后围绕汽车使用的生命周期中所有的交易和服务，涉及汽车的使用、维护、修理、再购买等。

汽车后市场最早的分类是以汽车整车销售的前、后顺序进行分类的。汽车后市场大体上可分为七大行业：汽车保险行业、汽车金融行业、汽车维修与养护行业、汽车配件与用品行业、汽车文化与汽车运动行业、汽车IT行业、二手车与汽车租赁行业。

汽车后市场涵盖汽车养护、汽车美容、汽车装饰、汽车电子、轮胎服务、汽车维修、汽车娱乐、汽车改装、车用商务品和车主俱乐部十大业务。

1. 汽车养护

汽车养护主要有日常养护和附加保养两大类别。日常养护属于必须进行的项目，而附加保养则是客户自己选择要不要做的项目。

日常养护项目主要有换机油、加防冻液、更换三滤、更换雨刮、变速器止漏、清洗更换刹车片、空调检测及加氟利昂、检查电瓶液配比、电瓶维护等。

附加保养项目主要有燃烧系统免拆清洗、润滑系统免拆清洗、冷却系统免拆清洗、电脑检测及解码、发电机维护、发动机维护等。

2. 汽车美容

汽车美容包括以下三大项目。

车表美容护理：无水洗车、泡沫精致洗车、全自动电脑洗车、底盘清洗、漆面污渍处理、漆面飞漆处理、新车开蜡、氧化层去除、漆面封釉、漆面划痕处理、抛光翻新、金属件增亮、轮胎增亮防滑、玻璃抛光等。

车内翻新护理：车内顶棚清洗、车门衬板清洗、仪表盘清洗护理、桃木内饰清洗、丝绒内饰清洗、地毯除臭、塑料内饰清洗护理、真皮座椅清洗、全车皮革养护等。

高级美容护理：漆面封釉、漆面镀膜、汽车桑拿、底盘封塑、臭氧消毒、划痕修复等。

3. 汽车装饰

汽车装饰主要是新车装饰，其主要项目有全车贴膜、铺地胶、铺地垫、加装挡泥板、加装扶手箱、加装尾箱开启器、加装桃木内饰、加装轮眉、加装防撞胶条、更换拉手、安装门碗、加装晴雨挡、加装尾喉、加装真皮座椅、加装豪华天窗、隔音工程等。

4. 汽车电子

汽车电子类主要的产品有防盗器、倒车雷达、中央门锁、车载电话、GPS、电动门窗、自动天线、车载冰箱、胎压检测器、电压转换器、各部位车灯、车载应急灯、后视系统等。

5. 轮胎服务

轮胎服务主要的项目包括更换轮胎、轮胎平衡、四轮定位、快速补胎、专业补胎、轮胎冲氮气、轮胎保养等。

6. 汽车维修

汽车维修主要是对车身、底盘、发动机、电气系统等方面进行全面系统的维修，项目很多，实际上就是“对生病之车实施抢救”，使之恢复正常。

7. 汽车娱乐

汽车娱乐系统主要包括车载电视、喇叭、功放、低音炮、显示器、电子游戏系统等。

8. 汽车改装

汽车改装主要包括外观改装、动力系统改装和操控系统改装三大类别。其中，外观改装主要有加装大包围、加装扰流板、车身贴纸、灯具改装、座椅改装、仪表改装、加装防滚架、加装天窗、后视镜改装、音响改装、加装导航定位、车轮装饰性改装、加装倒车雷达等；动力系统改装主要包括发动机进气系统改装、发动机排气系统改装、发动机供油系统改装、发动机点火系统改装、发动机曲柄连杆系统改装等;操控系统改装主要有轮胎轮圈改装、制动系统改装、悬挂系统改装及其他连动部件的改装等。

9. 车用商务品

高端公务商务车上的办公用品主要有车用办公桌椅、车用电脑、车用打印机、车用传真机、车载电话等,另外如车用热水器、车用电冰箱也是高端商务公务人士所需。

10. 车主俱乐部

在国内车主俱乐部不太成熟的市场情况下,可以建立不同类型的俱乐部如品牌俱乐部、车迷俱乐部、越野俱乐部、维修俱乐部、救援俱乐部等。车主俱乐部可以为车主提供汽车类服务,如代办保险、验车、换领驾照、补领驾照、补领行驶证、管家提醒、代(补)缴养路费、理赔、审证、贷款等;也可以提供汽车体验与交流,如驾车出游、试乘试驾、车友会等;还可以提供汽车救援,如拖车服务、快速抢修、24 小时救援等。

1.2.2 中国汽车后市场规模

随着汽车保有量的增加,截至 2019 年底,全国汽车保有量达 2.6 亿辆。其中,小型载客汽车保有量达 2.2 亿辆,比 2018 年增加 1 926 万辆,增长 9.37%,是汽车保有量增长的主要组成部分;私家车(私人小微型载客汽车)持续快速增长,2019 年保有量达 2.07 亿辆,近 5 年年均增长 1 966 万辆;载货汽车保有量达 2 694 万辆,创历史新高。

全国有 66 个城市的汽车保有量超过百万辆,27 个城市超 200 万辆。其中,北京、成都、重庆、上海、苏州、郑州、深圳、西安、武汉、东莞、天津 11 个城市超 300 万辆。

汽车保有量高速增长,随之而来的是汽车后市场空间不断扩大。相比发展成熟的国外,汽车后市场在国内尚是一片“蓝海”。国外成熟的汽车市场销售额中,配件占 39%,制造商占 21%,零售占 7%,服务占 33%。国内汽车市场销售额中,配件占 37%,制造商占 43%,零售占 8%,服务占 12%。数据显示,国内汽车销售额中制造的比重偏大,服务的比重过小。与中国汽车制造业快速的增长速度相比,国内与之配套的汽车后市场还有很大的发展空间。以国外整车制造与售后服务市场份额约为1∶1.5 为参照,中国汽车售后市场还远远不能与整车市场的发展相匹配,发展潜力相当大。随着国内汽车市场的逐渐成熟,汽车产业链越来越长,中国汽车后市场的高速发展期即将到来。

中国汽车流通协会统计数据显示,2019 年,后市场规模破万亿元,达到 1.25 万亿元,占国民生产总值 1.2%。汽车后市场的各子行业中,金融与保险、汽车维修与保养、汽车配件用品行业是产值与税收贡献最大的三个行业。

汽车大规模进入家庭后,传统的汽车维修业已经转型为现代服务业。汽车的维修与保养主要有两类服务群体,一是各汽车企业的 4S 服务站,二是社会的连锁或独立维修企业。

汽车维修保养行业数据如表 1-1 所示。

表 1-1　汽车维修保养行业概览

汽车维修保养行业概览	2018 年	2017 年	增长率
保有量	1.86 亿台	1.65 亿台	13%
车龄	4.0 年	3.8 年	
总里程	52 349 公里	50 673 公里	3%
单车进厂台次	2.29 次	2.36 次	
总进场台次	4.26 亿次	3.89 亿次	10%
单次花费	744 元	681 元	9%
年度维保花费	1 704 元	1 607 元	6%
维修市场容量	3 173 亿元	2 652 亿元	20%

在过去的几年中，随着汽车保有量的增加，所需的维修保养服务增长迅猛。4S 主机品牌服务企业和独立维修企业的客户数都在增长，相较于 5 年前，分别增加了 101%和 197%，独立维修企业增长的速度更快。

2019 年维修市场的总容量达到 3 173 亿元，其中，4S 服务店占比 56%，独立维修企业占比 44%，近 5 年的复合增长率分别为 18%和 39%。独立维修企业因服务内容增加，维修水平和质量提升，价格优势明显，3～5 年车龄的车主加速逃离 4S 店而选择独立维修企业，独立维修企业取得了更高的业务增长率。

1.2.3　中国汽车后市场的发展

中国的汽车后市场行业发展的总体环境与国内汽车销售量和保有量有着密不可分的关系。随着近年我国汽车保有量的增加，汽车后市场才得以迅速发展。与发达国家相比，我国汽车后市场产业发展起步较晚，汽车后市场从形成到发展大体上经历了五个阶段，如表 1-2 所示。

表 1-2　汽车后市场发展阶段

时间	特征
20 世纪 80 年代	✓ 国内新车市场初步兴起，主要满足政府公务用车需求 ✓ 后市场服务对象同样以公务车队为主，采取定点大客户服务，市场需求规模不大
20 世纪 90 年代	✓ 随着汽车私有化的进程，汽配城、汽配一条街开始兴起，最早一批“下海者”进入该领域，市场粗放式发展
2000 年至 2008 年	✓ 汽车保有量随销量攀升，汽车后市场发展迎来契机，汽配行业迅速发展扩张 ✓ 出现地域性的强势汽车后市场企业
2009 年至 2011 年	✓ 自 2009 年起，我国私家车保有量呈现爆发式增长，并连续 3 年新车整车销售全球第一 ✓ 后市场行业进入洗牌期，外资品牌开始进入国内市场，生产成本不断上涨 ✓ 越来越多的企业开始脱离汽配城转向独立经营
2012 年以后	✓ 随着上一阶段新车销售热潮中的车辆相继脱保，汽车维修、配件更换等售后产业迎来巨大市场空间

由于看好中国汽车后市场的巨大潜力，国外许多知名汽车服务企业进军中国市场。许多大中型城市已经出现包括博世、德尔福在内的国际巨头的身影。它们凭借资本、技术、渠道等优势，将国外成熟的品牌连锁模式引入中国。

中国汽车后市场随着汽车保有量的上升而快速崛起，人们对汽车服务的认识已经发展成为个性化、人性化的阶段。现代汽车消费者更注重服务过程的体验，包括汽车维护、汽车装饰、汽车音响、汽车安全、汽车电子、汽车改装、汽车金融、汽车救援、二手车服务等的汽车服务市场向着一体化、品牌化、国际化的方向发展。

汽车后市场将顺应市场发展规律，借助资本的力量、技术的迭代和数字化的力量，优胜劣汰，产生一批市场竞争力强、品牌形象好的优秀企业。有两大因素将促进汽车后市场的产业规模持续攀升：

第一，每年新车的销售在持续的增加，而无论新车销售增幅大小，对于汽车保有量都将是一个持续的增量，预期未来汽车后市场将保持持续稳定的增长。

第二，随着汽车平均车龄的增加，复杂维修比重将增大(图 1-3)。现在中国汽车的平均车龄仅有 4.0 年，根据成熟汽车市场的经验，当车龄达到 5.0 年以上时，是各系统复杂维修的爆发期。博世公司的调查数字也印证了这一点，在一项 300 家维修站的 6 175 次维修记录中，69%的维修记录是根据技术手册进行的常规检查或季节性检查，16%的维修记录是更换机油和滤清器的小保养，而仅有 15%的维修记录涉及复杂维修，比如轮胎、刹车系统、点火系统等。未来，随着中国的车龄增长，必将迎来后市场的爆发期。

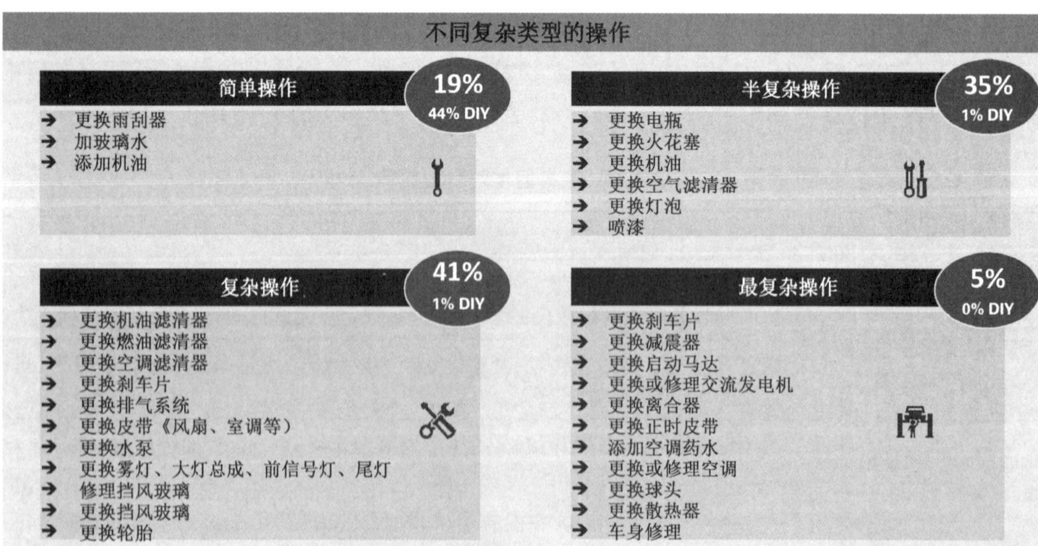

图 1-3　汽车后市场服务不同复杂类型操作

1.3 中国汽车维修行业现状

1.3.1 中国维修企业市场现状

汽车维修与保养是一个市场化程度较高的行业，市场的供需基本平衡。品牌维修、综合维修、专项维修、快修连锁等各种维修方式均衡发展，汽车养护服务，如汽车精品、用品、美容及改装服务蓬勃发展，行业结构逐渐趋于合理，基本满足了市场多样化的需求。

鉴于汽车维修技术复杂，各企业能力、条件悬殊，如企业间分工不明、业务范围不清，势必造成汽车维修市场混乱，维修质量难以保证。为此，中国对汽车维修企业实行分类管理，依据企业必须具备的人员、设施、设备、经营管理、质量管理、安全生产、环境保护、流动资金和特殊技术认证等开业条件，确定企业类别和允许从事的业务范围。

按照《汽车维修业开业条件》(GB/T 16739)，将汽车维修企业分为三类：一类汽车维修企业、二类汽车维修企业和三类汽车维修企业。

一类汽车维修企业是从事汽车大修和总成修理生产的企业，亦可从事汽车维护、汽车小修和汽车专项修理生产。

二类汽车维修企业是从事汽车一级、二级维护和汽车小修生产的企业。

三类汽车维修企业是专门从事汽车专项修理(或维护)生产的企业和个体户。专项修理是指对汽车单项或几项附属总成、附件、零部件、专用装备、电器仪表、轮胎、装修涂饰中的一项或几项进行专业性的修理、维护、工艺加工、技术服务、改装等作业，如汽车喷(烤)漆、蓄电池充电修理、电气或空调器修理、轮胎修补充气、喷油泵修理、高压注(换)油、曲轴磨修、车身修理改装、门窗玻璃安装、检测四轮定位等。专门从事某一车型维修的汽车制造厂维修中心和特约维修站也参照相应条件分类。

在中国汽车后市场，汽车维修企业根据服务内容主要呈现为以下五类：一是发展起来的汽车 4S 店，二是传统大中型维修厂，三是汽车维修便利店，四是汽车专项服务店，五是品牌快修美容装饰连锁店。据中国汽车维修行业协会官方统计，经正式注册的维修企业数量达到 44 万家。

1. 当前维修行业的特点

(1) 主机厂建立的品牌维修店带来先进的维修技术以及管理模式，带动了行业的全面进步，提升了行业在社会上的整体形象。

(2) 快修连锁发展迅速。快修连锁是方便车主、贴近社区最有效的服务方式。《关于促进汽车维修业转型升级提升服务质量的指导意见》(交运发〔2014〕186 号)发布以来，随着国家破除主机厂垄断行为的脚步加快，使快修连锁得到了快速发展，涌现出大批知名品牌。

(3) 人员素质有效提高。在国家发展现代职业教育相关政策紧密出台的背景下,校企合作广泛开展,经过十多年的努力已取得较好的成效,行业人才得到了有效补充。目前,全国开设汽车维修专业的职业院校达 3 000 多所,年培养各类维修人才达 20 余万,极大地缓解了汽车维修行业人才紧缺的状况。

(4) 汽车维修企业的装备有较大改善,设备设施达到国际同步水平,维修工艺和技术得到普及。

总之,汽车维修市场基本上呈现出平稳、有序发展的态势。具体数据情况如表 1-3 和表1-4所示。

表 1-3　2013—2017 年我国机动车维修经营业户发展情况

年份		2013 年	2014 年	2015 年	2016 年	2017 年
机动车维修经营业户数(万户)		44.7	46.2	45.9	44.6	44.0
分类	一类汽车维修业户(万户)	1.4	1.4	1.5	1.5	1.6
	二类汽车维修业户(万户)	6.8	7.1	7.2	7.3	7.2
	三类汽车维修业户(万户)	29.2	30.6	30.6	30	29.8
	摩托车维修业户(万户)	7.2	6.7	6.4	5.5	5.1

表 1-4　2017 年不同类型机动车维修业户地区分布情况

地区	东部地区		中部地区		西部地区	
	业户(户)	比例	业户(户)	比例	业户(户)	比例
一类	7 804	49.2%	4 639	29.3%	3 411	21.5%
二类	32 837	45.8%	18 501	25.8%	20 363	28.4%
三类	113 918	38.3%	65 692	22.1%	118 064	39.6%
合计	154 559	40.1%	88 832	23.1%	141 838	36.8%

2. 形势、任务及存在的问题

当前汽车维修市场总体情况是比较好的,但仍存在很多问题,形势也在不断变化,不容忽视,任务是艰巨的。

(1) 汽车业出现历史性拐点。汽车销售受阻,由于业内品牌维修企业均有汽车销售业务,效益明显下降,企业压力大,会出现动荡和重组,并向服务市场转向,使维修行业的竞争更加激烈,市场存在较大变数。

(2) 政策影响。从 2016 年维修行业从业资格取消到 2018 年维修行政许可取消,市场准入门槛趋近于无,同时,市场劳动力过剩,就业压力大,很多人会向汽车维修市场转移,不规范经营行为大量存在，维修信用体系尚未健全，市场秩序会受到冲击。

(3) 市场竞争仍不充分。主机厂对售后的技术资料和配件实行封锁策略，尽管《关于促进汽车维修业转型升级提升服务质量的指导意见》发布已经6年多，但同质配件仍处于概念阶段并未落地，配件市场仍然混乱，严重影响汽车维修行业的维修质量，消费者难以获得政策红利。据统计，维修质量投诉中，50%以上是由于配件质量造成的。

3. 行业的"技术技能人才"供给

从行业整体的角度看，汽车维修行业涉及的人员类别比较多，技术关键岗位大概有以下几类：机修人员、电器人员、钣金人员、喷漆人员、质量检验人员、车辆技术评估人员、技术负责人员。现在，机修、电器人员相关学校都有培养，人才缺口不大，缺口主要是钣金人员、喷漆人员、技术负责人员、质量检验人员，特别是技师、高级技师高端人才严重缺乏。

维修工人队伍中，高等级技能人才比例偏低，以具备技术等级证书的技术工人为样本比较，初级工、中级工、高级工及以上(含技师、高级技师)比例分别为30.4%、43.1%、26.5%，而同比发达国家的比例则分别为15%、50%、35%；抽样的一、二类企业中，尚有22.4%的从业人员不具备任何技术等级证书，三类企业中技术等级的比例更远远低于上述数据。

精准的人才供给的破解之道，需要企业与学校紧密衔接，建立校企合作、产教融合的发展模式。汽车后市场的校企合作还是比较广泛的，一方面，我国的车企对于人才的培养非常重视，如一汽丰田、上汽通用等很多车企都有自己的校企合作团队；另一方面，行业中的一些维修工具、零部件生产企业为了提高品牌知名度和产品市场占有率，都与相关的职业院校建立了校企合作关系，主要的模式是合作办学、订单培养、师资培训等。

1.3.2 国外汽车维修行业状况

国外汽车维修业已基本以小型化企业为主。在美国，目前有30多万家营业性的汽车维修企业，这个数字与我国汽车维修企业数量基本接近。其维修企业分为三种类型，分类方法也与我国汽车维修企业类型很相似，但美国的汽车维修企业则明显呈小型化特征。对比国内汽车维修行业，国外该行业的做法对发展更有促进作用。先进的维修养护连锁网络，完善的汽修服务体系以及健全的汽修行业标准，必将为国内的汽车维修行业带来新的思路。

1. 美国汽车维修：连锁经营唱主角

专业连锁维修店是美国人汽车维护的首选，许多人把它形象地比作汽车售后服务行业中的"麦当劳"。从某种意义上可以说，美国发展成为当今世界第一汽车大国，除了一些大规模的汽车制造公司在汽车制造方面的巨大贡献外，汽车连锁业的逐渐完善可谓功不可没。

从19世纪20年代开始，美国汽车维修行业的连锁经营模式就已经开始了它的首航，其着眼点放在专业性和广泛性上，在美国50个州的公路和高速路沿途，随处可见这种连锁经营模式的汽车维修保养店。在那里，人们可以得到专业的服务，从而节省了他们本来就比较繁忙的时间。

2. 加拿大汽车维修：行业标准有特色

加拿大的汽车修理已成为一种产业，而专业的汽车技工需要为车主提供汽车性能评估、汽车维修以及保养维护的服务。

为了规范汽车维修市场，加强驾车者和汽车服务商之间的联系，解决双方的纠纷和常见问题，加拿大在全国范围内成立了国家层面的非营利性机构——“驾车者安全担保计划”(MAPC)，为汽车驾驶员和服务商提供有关汽车维修养护方面的培训，并制定了严格的行业标准，监管全国的汽车零售商、销售公司和维修服务商。

在“驾车者安全担保计划”的加盟维修厂里，消费者享有整个维修过程的控制权，服务商必须与顾客进行全面、诚实的沟通，不能对汽车状况和维修内容有所隐瞒或扭曲，必须为顾客提供最适当的维修方案，以提高车辆的可靠性能、保障车主的安全。服务商必须在店面的明显位置悬挂“驾车者安全担保计划”的服务标准和担保承诺，并严格遵守。

3. 日本汽车维修：尽享人性化服务

日本汽车市场的兴旺带动了汽车维修领域的蓬勃发展。多年来，日本汽车维修领域形成了完善的服务体系、人性化的服务，这使得日本有车族们安心享受着完美的“车居生活”。

在日本，几家大型汽车公司同时也是汽车维修厂的主要供应商。为完善售后服务，同时也看好汽车维修领域巨大的经济利益，许多直营或加盟的特约维修站应运而生。由于有配套的技术、品牌的质量保证、统一的标准等因素，许多日本人愿意将车送到特约维修站进行维修和保养。特约维修站有一整套专业的车辆技术资料支持，维修人员经验丰富，当汽车进行维修时，运用这些技术资料可以快速查找出故障原因，制订出最佳的排除故障方案，而且，特约维修站里使用的都是与车型相匹配的原厂件，能够保证汽车维修的质量，让人放心。

1.3.3 连锁经营发展

在中国汽车后市场，五类汽车维修保养服务企业(汽车4S店、大中型维修厂、汽车维修便利店、汽车专项服务店、品牌快修美容装饰连锁店)在面积大小、设备投资、人员素质、地点便利性、服务质量、服务时间和收费标准等方面各有千秋，短期可以共存，但随着市场的发展变化，经过逐步变化的汽车4S店和知名品牌的维修保养美容装饰连锁店是两大主要渠道。

1. 加盟连锁经营模式

连锁经营和加盟的模式通过标准化的形象和流程、规范化运营和规模化经营，提供优于行业的客户体验，可复制性强。好比一家母公司下设了一批分公司，总店开设了新店，一般都是在一个地区开展一家，形成一个网络，发展规模会越来越壮大。连锁商业模式分为直营和加盟等多种形式。其中，加盟连锁模式是经过验证的当今连锁企业最先进的商业模式，具有高稳定性、低风险、快扩张的特点。

(1) 加盟连锁(特许连锁)经营体系通常依托于特许人开发的某些独特的产品、服务、经营方法、商号、商誉或者专利。

(2) 加盟连锁(特许连锁)是总部和加盟店依照一对一的特许经营合同成立的,加盟店与总部之间存在纵向关系,各加盟店没有横向联系。

(3) 特许经营中有特许经营费用和保证金等,加盟连锁(特许连锁)在合同期内不能自由退出。

(4) 加盟连锁(特许连锁)店有经营自主权。

2014年9月3日,交通运输部、国家发改委等部门联合发布《关于促进汽车维修业转型升级提升服务质量的指导意见》,明确要求鼓励规模化、品牌化、连锁化发展,促进汽车维修行业的标准化建设,强制维修技术公开。各地交通运输主管部门要按照"因地制宜、合理布局、供需平衡、便民利民"的原则,编制本行政区《汽车维修行业发展规划》,将汽车维修纳入当地经济社会发展总体规划,在城市发展中为汽车维修提供一定的功能空间,鼓励企业在大型社区、公共停车场、客货运输站场周边、高速公路服务区及旅游景点服务区设立连锁网点。对于开办连锁网点的,在经营场所所在的地级市主城区或者县、市行政区范围内,可以共享技术负责人和《汽车维修业开业条件》(GB/T 16739)规定的大型维修设备设施。

2. 汽车维修保养连锁的三大核心竞争力

1) 系统性效率提升

(1) 维修技术水平和技术支持:维修技术、施工水准是连锁维修企业的底层基础能力,把车修好是企业的立身之本,诊断及维修水准的提高,一方面,有赖于技术团队的能力,即专家,另一方面,要依靠案例积累与技术培训。

(2) 全渠道运作:线上拼流量、线下拼点位。阿里、京东等平台型企业一级流量分发到线下,途虎、汽车超人等企业从流量分发转为自行消化。连锁维修企业一方面需要从平台分发流量挖掘更多的流量来源,另一方面,需要将店面流量上线。线上流量需要线下承接,线下沉淀客流并向线上导流,全渠道的好处一是可以突破商圈,从而提升坪效,店面有足量的新客补充,提高店面生存能力;二是突破品类,店面回归服务的同时,增加销售机会,通过零售提升盈利能力。

(3) 供应链是成本,更是效益。目前,对于多数汽修连锁来说,服务收费实质是"配件+工时"收费,且配件、油品等在店面营收占比较大,供应链能力高低成为汽修连锁是否具有优势的关键。对于连锁维修企业来说,供应链要保证正品、时效性和成本优化,目前除外部合作外,汽修连锁企业通过总对总、集采/联盟、反向供应链、与配件连锁或电商战略合作等方式获得供应链优势。

(4) 运营优化,从量变到质变。汽修连锁企业的运营包含用户、经营、组织等层面积累的知识系统。用户层面含标准作业流程保证维修质量、客户关怀等,经营层面含选址、服务产品、营收管控体系、项目结构等,组织层面含人才梯队培养等。运营是一个企业的智慧结晶,是套路、方法论与细节的结合,店面的核心价值在于店面运营管理理念及知识系统。

2）提供精准服务

通过精准服务，提供专业的、恰当的养车方案与服务，从而全面有效地提升车主体验，改善店面营收及效益。精准服务包含精准目标、精准营销、精准运营和精准服务，如表 1-5 所示。

表 1-5　精准服务简介

精准目标	杜绝“三拍”（月初拍脑袋、月中拍胸脯、月末拍大腿） 依托车辆服务周期与使用规律，根据客户关系管理（CRM），预约情况精准预测
精准营销	脱离撒网式营销，在目标的指导下，根据时间节点、客户群体的特征和需求，提供针对性的市场营销方案
精准运营	配件、人员、维修工具和设备等提前安排与准备
精准服务	依托专业工具、设备、技师及业务在线，无缝高效，亲和专业

汽车后市场线上线下、行业与互联网融合是发展的必经之路。网络协同和数据智能的前提是企业的核心业务流程必须要完全架构在互联网上，由软件驱动，自动调用服务，才能够具备往智能化演进的可能。

信息化建设可以由企业自主研发，但资金要求在千万元级别，对业务团队要求高；也可以引进第三方的系统，但此过程需要做好第三方系统的共性解决方案与企业需要个性化软件与服务的矛盾。汽车后市场中，如华胜、车享家、博世车联等业务流程和标准化作业的信息化、智能化处于较高的水平。

3）扩张带来的规模效应

连锁经营的重要价值是规模化效应，采购、运营、集客等成本降低，从而获得利润的增加。汽车后市场是符合同城规模效应的行业，汽车多是以城市为范围使用及养护，很少会跨城养车修车。同等数量的连锁维修网点，同城布局提高品牌的曝光度和认知度，更容易在消费者心里建立可信赖的认知。考虑到如今因工作调整、子女就学等原因，同城跨区搬家高频发生，同城布局的连锁维修企业可以有效减少客户流失。同时，同城多店的供应链效率更高，巡店、督查等管控成本更低。从组织形式看，中心店 + 社区店、一站式、专项专修企业是最常出现的连锁业态。

3. 中国汽车维修连锁百强

AC 汽车是专注于汽车后市场的“行业门户 + 媒体 + 智库”，其每年对中国汽车后市场的连锁维修品牌进行盘点，并评选出中国维修连锁百强，现已进行了 6 届。中国汽车后市场连锁百强评选需要经过三轮筛选。第一轮筛选企业信息真实性、门店形象图片、基本运营状态；第二轮公布入围标准、特邀专家评委来评选；第三轮进行最受欢迎门店的网络投票，并对百强企业采访。2018 年的投票结果如表 1-6 所示。

表 1-6　2018 年度最受欢迎门店排行

序号	企业名称	序号	企业名称	序号	企业名称	序号	企业名称
1	新孚美	26	台运车管家	51	途虎养车	76	NEKA 耐卡
2	车睿仕	27	快车品味	52	爱义行	77	四惠
3	瓜子养车	28	中鑫之宝	53	精典汽车	78	科邦精工
4	百援精养	29	金马达	54	百顺养车	79	小李补胎
5	奇特异 gt1	30	一番车道	55	佳诚车业	80	动力驿站
6	快易修	31	名骏车业	56	欧亚米修	81	美车堂
7	小驴快跑	32	畅途汽车	57	信义易车	82	和谐修车
8	润华汽服	33	车百惠	58	汇捷车管家	83	考拉爱车
9	国合快车	34	哈贝卡	59	车畅行	84	苏友快修
10	连顺波箱	35	豫涛汽修	60	车奇士	85	车百用
11	易佰得	36	星恒成	61	海宝养车	86	实田汽修
12	东方上工	37	德奥汽车	62	耐跑	87	小拇指
13	好又省	38	龙捷快修	63	集群车宝	88	驾捷乐
14	大正人	39	信德汽车	64	比比卡	89	车车翔
15	易捷・美能达客	40	天成车业	65	壹伍陆	90	新干线
16	中策车空间	41	九易汽车	66	耐乐快修	91	安氏汽服
17	元通车家佳	42	牛咖斯	67	易捷・澳托猫	92	正伟汽修
18	星汇车保	43	博世车联	68	轮库	93	超越汽服
19	德师傅	44	新奇特	69	阳光工匠	94	圣罗萨汽修
20	兔师傅	45	恒泰	70	睿达汽服	95	美途客
21	车享家	46	卡拉丁	71	柚紫养车	96	蜂行者
22	华胜	47	车自主	72	向阳汽修	97	欧洲维修
23	驰加	48	车美福	73	博卡联	98	快典
24	好修养	49	安惠养车	74	易车生活	99	星悦奔宝
25	车工坊	50	驭驰天下	75	正美丰业	100	速途

1）车享家

各主机厂为应对后市场的挑战，防止客户从 4S 店体系流失，将渠道利润锁定在主机厂体系内，积极布局后市场的零部件供应链、汽车维修网络等。比如，上汽集团设立车享品牌，车享配经营配件供应链，车享家开展汽车维修，打通线上线下的衔接；PSA 设立 Euro Repar 品牌，开展配件供应和维修网络加盟业务；上汽通用拓展后市场车工坊汽车维修网络；奇瑞汽车推出车贝健品牌，拓展后市场配件供应链和汽车维修服务。

车享，是上海汽车集团股份有限公司打造的中国汽车市场较早的全生命周期 O2O 电子商务平台。2014 年上线至今，秉持“车生活　心享受”的品牌主张，结合“快捷线上运营”和“优质线下服务”，多层次打通汽车“看、选、买、用、卖”O2O，一站式提供汽车全生命周期价值服务。现旗下已拥有车享网、车享家 App 等多个业务承接平台，以及车享新车、车享二手车、车享汇、车享付、车享配等多个业务类型，成功打造了汽车电商行业的“车享模式”。

车享家源自上汽 e 站到家，是车享旗下连锁实体服务网络，车享家为车主提供靠谱、透明、便捷的汽车服务。承接车享平台的互联网业务和品牌势能，车享家集成汽车全生命周期产业资源，构建一体化、专业化、品牌化、社区化的服务能力，为广大用户提供专业、可信赖的维修保养、租赁及二手车等一站式汽车生活服务。

车享家线下门店覆盖全国，不仅提供汽车保养、汽车美容和汽车养护等常规养车服务，还可以实现汽车钣喷、小修、轮毂改装等个性服务；线上车享家 App，以“关注您的用车生活”为服务宗旨，提供在线预约保养、汽车美容、配件用品、车主会员权益、车务、卖车等全方位养车用车服务。

车享家依托上汽集团在汽车售后服务领域的丰富资源和成熟经验，拥有可靠的供应链体系、完备的门店管理体系和专业的人才体系，确保了车享家能为用户带来统一标准的高品质产品与服务。而在这一可复制的模式支持下，车享家有着社区化高密度覆盖的布局规划。2015 年 9 月 20 日，精心打造的首批 12 城 50 家车享家门店正式上线，为广大用户提供维修保养、租赁以及二手车等车生活服务。在未来的五年内建设超过万家门店，构建一体化、专业化、品牌化、社区化的服务能力，以触手可及的互联网产品和一步之遥的车务服务，为用户带来随心所享的汽车生活新体验。

(1) 车享家 App

车享家 App 是由车享开发的平台级 App，并以此作为车享旗下基于移动端的业务承接平台。车享家 App 开通多项与车有关的实用功能，聚焦车主汽车生活的方方面面，实现车享平台所有汽车服务的触手可及。

(2) 车享配

车享配是车享旗下汽车配件与用品 O2O 品牌。作为上汽领先一步在汽车独立售后服务市场探索的结晶，车享配品牌配件与用品拥有上汽集团雄厚的背景，既集成了上汽集团整车制造技术优势和零部件配套资源，又全程主导了配件产品的制造、质量控制与售后支持。车享配品牌致力成为中国独立汽配用品市场的价值新标杆，进而为中国车主提供高品质、高价值的汽车配件与用品。

(3) 车享新车

车享新车是车享旗下专属的 O2O 整车销售电子商务服务频道，旨在为用户提供价格透明、品质保障、安全便捷的一站式购车服务。车享新车还结合目标人群基于个性化的用车需求，完美结合前装配置硬定制和后装软定制，推出了差异化 + 个性化的“享定制”产品系列。依托上汽集团旗下数千家汽车经销店的资源优势，实现真正的电商闭环，带给用户最享受的买车体验。

(4) 车享二手车

车享二手车致力打造国内领先的、最权威的二手车 O2O 平台。以上汽专业的二手车检测体系为基础,为所有车主、4S 店、二手车经销商及个人用户提供车况评估、竞价拍卖、验车付款、办证过户、二手车在线商城等相关业务的一站式服务。与此同时,还依托上汽集团与车享大平台汽车产业链的完整优势,为用户提供安全支付、专业售后、跨区域物流、二手车汽车金融等一系列增值服务。

(5) 车享付

车享付是车享旗下汽车生活支付类 O2O 品牌,具有预付卡发行与受理的第三方支付功能,于 2015 年 5 月首次推出带有充值支付和积分兑换等相关功能的会员卡。作为车享平台推出的金融服务产品,可使用车享付会员卡,享受线上线下一体化的养车、用车、生活等支付服务,并可进行权益的兑现和积分管理。车享付未来还会推出更多与车主的用车生活、休闲生活、文化生活息息相关的产品和活动。

2) 博世车联

博世车联是博世汽车后市场在华"配件、诊断、服务"三大支柱之一。"博世汽车专业服务网络"是全球最大的独立汽车服务网络之一,拥有超过 90 年的历史,在全球 150 多个国家拥有 16 000 多个维修站。博世车联在大中华区已经建立了 1 600 多家博世汽车专业维修站和 250 多家博世柴油服务站,遍及全国主要城市。

(1) 博世集团介绍

博世集团是世界领先的技术及服务供应商。博世集团分为汽车技术、工业技术、消费品和能源与建筑技术四大业务部门,业务遍及 150 个国家及地区。

博世以其全球化的技术创新,践行着"科技成就生活之美"的经营理念。

博世集团于 1909 年在中国开设了第一家贸易办事处,1926 年在上海创建首家特约汽车服务站。时至今日,集团的四大业务部门均已落户中国。致力于打造"中国的博世",在研发、生产、人力资源等方面持续推进着本土化的进程。

(2) 博世汽车售后市场

博世汽车售后市场业务部为全球的汽车售后市场和维修站提供全系列的诊断、维修设备和汽车配件,从新的原厂配件、售后替换配件到维修方案,适用于乘用车和商用车。博世汽车售后市场的产品涵盖博世原厂配套配件以及自主研发、生产的售后配件产品和服务。在"汽车服务方案"业务领域,博世汽车售后市场业务部提供检测、维修站技术、诊断软件、服务培训以及信息服务。此外,博世汽车售后市场业务部负责"博世汽车专业维修网络"的开发和管理。作为全球最大的独立汽车服务网络之一,"博世汽车专业维修网络"在全球拥有约 16 000 家专业维修站。

(3) 博世汽车服务方案

博世汽车服务方案,由原博世汽车诊断业务和原斯必克集团旗下汽车服务方案业务合并而成。这一全新的业务单元除了为汽车维修服务站提供乘用车和商用车所需的诊断、维修服务及产品外,同时也向整车制造商提供全面的售后服务方案,使得博世汽车诊断及维修业务更趋全面。

博世汽车服务方案业务单元的成立,将使博世汽车诊断业务向全球领先的汽车服务方案供应商迈进。博世将为客户提供更丰富的产品和更完善的服务方案,以满足整车制作商、汽车维修服务站、职业技术学校等领域快速增长的市场需求。

博世汽车服务方案业务单元通过各种有效方式为中国的客户提供软、硬件综合支持。博世 ESI 系统拥有各种车型的主要数据,并定期更新,为汽车维修站提供及时、有效的技术信息支持。在上海、北京、深圳及扬州,博世汽车售后市场分别建立了技术服务中心,为维修站管理人员提供企业管理课程,为技术人员提供专业、完善的技术、销售技巧、客户沟通等培训;同时,通过与职业技术学校的广泛合作,提高汽修从业人员的整体技术水平。博世汽车服务方案专门设立的客户服务热线包括电话、网络、邮件、远程服务等,为维修站提供及时、有效、全方位的技术咨询和支持。

(4) 博世车联

博世车联是博世汽车专业服务网络旗下的特许加盟业务,传承了博世汽车售后业务"诊断 + 配件 + 服务"的核心理念。在博世强大汽车技术支撑下,博世车联致力于向每一位车主提供优质汽车售后服务。每家博世车联,都以"检测,维修,贯穿始终的优质服务"的服务理念服务广大车主。博世车联为汽车后市场服务业引入一套全新的商业模式。总部提供的全方位解决方案,为加盟商提供了低风险高回报的发展前景。加盟商借助特许经营的强复制性,迅速扩大业务规模,抢占市场先机。除加盟总部提供的配件、培训、市场营销等多方面的支持,加盟总部专业的服务顾问团队为加盟商日常运营提供更及时、实用的贴身服务。

博世车联市场定位与目标:博世车联将发展成为除主机厂服务网络外最好的独立汽车售后服务品牌。博世车联将通过向车主提供优惠价格,服务所有车型,以检测为基础的精确诊断和维修质量,更便利、周到的专业化服务来与博世共同实现这一目标。

博世车联品牌优势:全世界最大的汽车售后服务品牌,优质汽车零配件供应,汽车诊断、服务技术和管理支持,系统化的人才培养计划,以车主为目标的服务活动。

博世车联现场服务团队:博世现场服务团队是由经验丰富的资深行业人士组成,在行业中工作经验超过 10 年,并且经过博世公司专业培训,可以为博世加盟商提供建店和运营管理的全方位支持。

服务管理理念:博世车联以未来和收益为导向,始终为客户提供有价值的参考建议,在自身的推动和指引下,勇于承担作为一名企业家的责任,坚定不移地实现自己的目标。无论是在加盟店还是与合作伙伴之间,公平都是合作的基础。博世车联只做出可以实现的承诺,将决策当作义务。

3）途虎养车

途虎养车，2011年创立于上海。公司定位为专业的“汽车养护电商平台”，主营轮胎、机油、汽车保养、汽车美容、车品等，为客户提供线上预约+线下安装的养车方式，途虎养车已经成为深受中国消费者信赖的汽车养护电商平台。

途虎养车拥有13 000多家合作安装门店，服务能力覆盖了31个省（自治区、直辖市）、405个城市。用户可以在途虎养车官网、App、电话、微信平台上享受专业的“365天×16小时”的售前售后服务。为了兑现“正品自营”的承诺，为了能够全面提升车主的养车体验，让车主能够享受到互联网时代的优质养车服务，途虎养车平台着力构建了完善的汽车服务生态体系。

经营理念：正品专业。

服务内容：提供全面的汽车养护服务。包括换轮胎、换机油和滤清器、汽车配件日常保养更换、汽车美容车险违章查询等服务业务。

服务方式：线上预约，客户在途虎平台（官网、App、微信小程序、400电话）订购商品、预约服务门店；线下安装，途虎将商品送达门店、客户前往完成服务。

线下服务网络：截至2018年8月，途虎养车已经在全国范围内拥有13 000多家合作安装门店和超过500家工场店，服务能力覆盖了31个省（自治区、直辖市）、405个城市。

仓储物流：途虎养车已在全国24座城市建立了超过30个仓储物流中心，总计面积超过17万平方米，从上海、北京、沈阳、成都、武汉、西安、昆明、济南、郑州、重庆、长沙、厦门、东莞等城市25大仓库出发覆盖周边销售区域，基本完成全国重点销售区域的仓储和配送布局。全国仓库总计面积超过90 000平方米，支持日出库轮胎量30 000条，峰值出库量60 000条。途虎养车自有车队及全国物流，可闪电送达。对轮胎、机油等容易在快递过程中损坏的产品，配备专门设备，保障车品无损送达车主手中。

一站式服务：途虎养车数据库包含17 000种车型数据，精准数据服务项目。

1.3.4　中国维修企业行业监管

1. 汽车整车维修企业开业条件

具体开业条件详见《汽车维修开业条件》（GB/T 16739）。

2. 机动车维修经营备案制度

2018年8月3日，国务院发布了《关于取消一批行政许可等事项的决定》提出以报备制取代机动车维修经营许可证，“加强事中事后监管措施”，各地方交通运输主管部门建立健全机动车维修经营备案制度，要求机动车维修企业严格按照标准开展维修业务，维修服务完成后提供明细单，作为追责的依据；加强对机动车维修行为的监督，建立黑名单制度，深入推进维修诚信体系建设。这一政策充分体现了政府“放管服”管理方式转变，减少政府干预市场，让市场去决定资源配置，通过建立标准、诚信、健康有序的市场环境，让行业走向规范。

机动车维修经营许可备案制在一定程度上降低了机动车维修经营行业的门槛。机动车维修企业在办理好工商营业执照后，只需要根据机动车维修的经营范围和具体要求，到相关管理部门进行备案，这使得一些计划进入汽车后市场的企业省去了烦琐的审批手续和时间，能将更多的精力用在如何创新经营模式上。可是，备案程序究竟是怎样的呢？

备案第一步：注册工商营业执照，当取得工商营业执照后30日内到机动车维修主管机构（修管处，运管处）进行备案；所需的材料如下：营业工商执照、场地租赁证明（合同）、环保证明、消防证明、设备清单、技术人员资质、场地平面图、法人身份证复印件、机动车维修经营备案申请表。其中关键就是在工商营业执照上的经营范围一定要有“机动车维修项目业务”。

备案第二步：申请人可以进行网上申报，也可以把准备齐全的材料报送机动车维修主管部门，经办人员现场审核资料，并对于填写不规范、不合格以及缺少材料进行告知补齐，对于不符合备案条件的，应告知退还报送材料，对于场地、设备、人员、材料合格的，应当现场拍照存档，对于网上申报成功的，可以直接进入备案下一步。

备案第三步：主管机构接收到经营业户的备案申请资料后，应进行实地考核，对照《机动车维修管理规定》《汽车维修业开业条件》及有关标准，对于符合维修备案的经营业户，工作日内颁发盖有印章的《机动车维修经营备案证明》。

备案第四步：机动车维修经营主管机构应当通过门户网站或公开场所定期向社会公告辖区内通过备案的机动车维修经营者的名称、经营地址、经营范围等信息。以便于社会车辆所属人员查询合法机动车维修备案企业。

这样的机动车维修备案对于企业来说少跑路，办事效率高，报备资料不少，依据法规不变。凡事都有双面性，该政策对汽车后市场的发展既有利好也有利空。

正面影响：

（1）为计划进入汽车后市场的维修企业节省了烦琐的审批手续和时间，能让其将精力聚焦在经营上。

（2）为产业资本进入汽车后市场扫清了障碍，特别对于跨区域的大型机动车维修连锁机构，有利于推动更多地域的机动车维修服务门店落地，比如车享家等全国机动车维修连锁就无须在各地申请机动车维修经营许可证。

（3）有利于机动车维修企业新业态、新模式等的快速发展和进入。

（4）有利于推动机动车维修业的标准化、规范化发展。

（5）有利于推动机动车维修业诚信体系的建立。

负面影响：

（1）取消机动车维修经营许可后，大量新的维修企业成立，机动车维修产能进一步扩充，使维修行业产能过剩情况加剧。

（2）机动车检测维修设备不再是必要条件，这对部分机动车维修检测设备生产商不利，行业的发展将出现波动。

(3) 行业监管放松，承修、托修双方之间的矛盾与维修质量纠纷可能日趋增进，如果行业的监管不能及时到位，会导致行业短时的混乱。

(4) 环境底线的挑战。汽车维修过程中的喷漆作业、空调系统氟利昂加注作业、废油废水排放等对环境有重大危害。在 2017—2018 年的汽车维修业环保风暴后，三类维修企业或无证经营的路边店违规喷漆作业在大中城市的治理成效显著。在报备制执行后，必须保持环保的持续高压状态。

1.4 汽车维修企业管理

1.4.1 定义企业的愿景、使命和战略

1. 定义企业愿景与使命

企业愿景体现了企业家的立场和信仰，是企业最高管理者头脑中的一种概念，是最高管理者对企业未来的设想，是对“我们代表什么”“我们希望成为怎样的企业”的持久性回答和承诺。企业愿景将不断地激励企业奋勇向前，拼搏向上。

何谓企业愿景？是指企业的长期愿望及未来状况，组织发展的蓝图，体现组织永恒的追求。德鲁克认为，企业要思考三个问题：我们的企业是什么？我们的企业将是什么？我们的企业应该是什么？这也是我们思考企业文化的三个原点，这三个问题集中起来体现了一个企业的愿景。

为什么企业的愿景和使命对于企业这么重要？愿景就是一个企业的梦想。企业家要关注的是企业的愿景是否能经常让你热血沸腾，甚至热泪盈眶；能否经常让你为它彻夜难眠；能否让你有一种热情，一股冲动，想将它与你的员工分享。

2. 定义企业发展战略

企业发展战略是对企业各种战略的统称，其中既包括竞争战略，也包括营销战略、品牌战略、融资战略、技术开发战略、人才开发战略、资源开发战略等。定义企业的发展战略可参考以下流程。

1）战略分析

战略分析在于总结影响企业发展的关键因素，并确定在战略选择步骤中的具体影响因素，它包括以下三个主要方面。

(1) 确定企业的使命和目标。把企业的使命和目标作为制定和评估企业战略的依据。

(2) 对外部环境进行分析。外部环境包括宏观环境和微观环境。

(3) 对内部条件进行分析。战略分析要了解企业自身所处的相对地位，具有哪些资源以及战略能力；了解企业有关的利益相关者的利益期望，在战略制定、评价和实施过程中，

这些利益相关者会有哪些反应。

2）战略选择

战略选择阶段所要解决的问题是“企业向何处发展”。具体步骤如下。

（1）制定战略选择方案。根据不同层次管理人员介入战略分析和战略选择工作的程度，将战略形成的方法分为三种形式：

- 自上而下。先由企业最高管理层制定企业的总体战略，然后由下属各部门根据自身的实际情况将企业的总体战略具体化，形成系统的战略方案。
- 自下而上。企业最高管理层对下属部门不做具体规定，但要求各部门积极提交战略方案。
- 上下结合。企业最高管理层和下属各部门的管理人员共同参与，通过上下级管理人员的沟通和磋商，制定出适宜的战略。

（2）评估战略备选方案。评估战略备选方案通常使用两个标准：一是考虑选择的战略是否发挥了企业的优势并克服了劣势，是否利用了机会，将威胁削弱到最低程度；二是考虑选择的战略能否被企业利益相关者所接受。

（3）选择战略。指最终的战略决策，即确定准备实施的战略。

3）战略实施和控制

战略实施和控制就是将战略转化为行动，主要涉及以下一些问题。

（1）在企业内部各部门和各层次如何分配使用现有的资源？

（2）为了实现企业目标，还需要获得哪些外部资源以及如何使用？

（3）为了实现既定的战略目标，有必要对组织结构做哪些调整？

（4）如何处理出现的利益再分配与企业文化的适应问题？

（5）如何通过对企业文化的管理来保证企业战略的成功实施？

1.4.2 汽车维修企业的运营管理

企业运营管理的目的是创造业绩、利润和现金流量。企业运营管理就是通过产品设计、研发、生产、仓储物流提供给客户，并通过市场营销、售前、售中和售后服务等系列活动为企业创造利润的过程。汽车维修企业管理的核心要素是集客、供应链和维修服务效率三个方面。

而所有过程的源头是企业经营模式和业务流设计，在此引入“商业模式画布”。商业模式画布是一种能够帮助团队催生创意、降低猜测、确保找对目标用户、合理解决问题的工具。我们做任何产品的最终目的是活下去，要活下去则必须有商业模式。商业模式画布不仅能够提供更多灵活多变的计划，而且更容易满足用户的需求。更重要的是，它可以将商业模式中的元素标准化，并强调元素间的相互作用。

商业模式画布是会议和头脑风暴的工具，它通常由一块大黑板或一面墙来呈现。商业模式画布按照一定的顺序被分成九个方格，如表1-7所示。

表 1-7 商业模式画布的九大模块

画布的内容	主要表述的问题
客户细分——目标用户群，一个或多个集合	● 我们正在为谁创造价值？ ● 谁是我们最重要的客户？
价值主张——客户需要的产品或服务，商业上的痛点	● 我们该向客户传递什么样的价值？ ● 我们正在帮助客户解决哪一类难题？ ● 我们正在满足哪些客户需求？ ● 我们正在提供给客户细分群体哪些系列的产品和服务？
渠道通路——你和客户如何产生联系，不管是你找到他们还是他们找到你，比如实体店、网店、中介	● 通过哪些渠道可以接触客户细分群体？ ● 我们现在如何接触他们？ ● 我们的渠道如何整合？ ● 哪些渠道最有效？ ● 哪些渠道成本效益最好？
客户关系——客户接触到你的产品后，你们之间应建立怎样的关系，一锤子买卖抑或长期合作	● 每个客户细分群体希望我们与之建立和保持何种关系？ ● 哪些关系我们已经建立了？ ● 这些关系成本如何？ ● 如何把它们与商业模式的其余部分进行整合？
收入来源——你将怎样从提供的价值中取得收益	● 什么样的价值能让客户愿意付费？ ● 他们现在付费买什么？ ● 他们是如何支付费用的？ ● 他们更愿意如何支付费用？ ● 每个收入来源占总收入的比例是多少？
核心资源——为了提供并销售这些价值，你必须拥有的资源，如资金、技术、人才	● 我们的价值主张需要什么样的核心资源？ ● 我们的渠道通路需要什么样的核心资源？ ● 我们的客户关系需要什么样的核心资源？ ● 收入来源需要什么样的核心资源？
关键业务——商业运作中必须要从事的具体业务	● 我们的价值主张需要哪些关键业务？ ● 我们的渠道通路需要哪些关键业务？ ● 我们的客户关系需要哪些关键业务？ ● 收入来源需要哪些关键业务？

（续表）

画布的内容	主要表述的问题
重要伙伴——哪些人或机构可以给予战略支持	● 谁是我们的重要伙伴？ ● 谁是我们的重要供应商？ ● 我们正在从伙伴那里获取哪些核心资源？ ● 合作伙伴都执行哪些关键业务？
成本结构——你需要在哪些项目付出成本	● 什么是我们商业模式中最重要的固有成本？ ● 哪些核心资源花费最多？ ● 哪些关键业务花费最多？

第 2 章

建店标准与规范

2.1 建店标准与流程

2.1.1 汽车维修企业的资质与要求

汽车维修企业在开业前需要根据各主管部门的规定及要求进行资质申请与核实，具体如表2-1所示。

表2-1 资质申请核实信息

证书/资质/许可	需核实内容	主管部门
营业执照	①流程；②资质	工商行政管理部门
政府批文	①流程；②限制条件	建设部门
环评	①流程；②限制条件	环保部门
维修资质	①流程；②资质；③限制条件	交通运输部门

1. 营业执照

取得营业执照是建店流程的第一步。通常来说，申请流程都会发布在当地的政府网站上。但是，有时可能会需要其他文件作为补充。须联系当地工商行政管理部门，获取所需文件清单。

2. 政府批文

为了拿到营业执照，还要就土地建设许可拿到相应的政府批文。

3. 环评

环评是取得维修资质的前提，须事先与当地环保部门确认对于汽车维修站是否有特别规定，尤其是涉及汽车喷漆业务时。

4. 维修资质

根据机动车维修管理规定（文件资料可在交通运输部网站查询），维修资质分为三个等级，如表2-2所示。

表2-2 维修资质

	一类	二类	三类
经营范围	整车修理、总成修理、整车维护、小修、维修救援、专项修理和维修竣工检验	整车修理、总成修理、整车维护、小修、维修救援和专项修理	从事发动机、车身、电气系统、自动变速器维修及车身清洁维护、涂漆、轮胎动平衡和修补、四轮定位检测调整、供油系统维护和油品更换、喷油泵和喷油器维修、曲轴修磨、气缸镗磨、散热器（水箱）维修、空调维修、车辆装潢（篷布、坐垫及内装饰）、车辆玻璃安装等专项工作

（续表）

	一类	二类	三类
常见类型	独立经营的维修、保养站或者授权经营的维修、保养站（4S，3S，2S）	独立经营的维修、保养站或者授权经营的维修、保养站（3S，2S）	快修快保店、轮胎修理保养店、汽车销售中心、汽车美容店

不同城市可能负责发放维修资质的主管部门、申请要求（如投资金额、场地面积、设备、人员要求）和审批手续会略有不同（表 2-3），企业负责人须向当地主管部门了解清楚。

表 2-3 维修资质审批手续

证书/资质/许可	何时	当地主管部门
营业执照	签订租赁合约后	工商行政管理局
施工许可	施工前（所有建造图纸已绘制完成）	房屋管理局/工业园管委会/规划局
消防登记/许可	施工前	消防大队或消防局
环评申请	施工前	环保局
消防验收	营业前（已完成施工）	消防大队或消防局
环评批准	营业前（已完成施工）	环保局
维修资质	流程/资质/限制条件	交通运输管理部门
资金	申请审批前要准备到位	银行

2.1.2 选址

通常来说，选址对于商业经营至关重要。选址时，可以根据自身资源和偏好来安排优先顺序。

（1）客户资源：客户群要在 5 公里范围之内，如中高档居民区、商业区（不包括制造企业在内）、有充足停车位的办公楼等都是理想的区域。

（2）经营许可：当地政府准许该区域内经营汽车维修业务，尤其是是否准许经营汽车喷漆业务。

(3) 行业竞争：在 5 公里范围之内是否已有汽车维修站？这些维修站的经营状况如何？新开的维修站是否更具优势？能否满足该区域的需求？

(4) 价格：租金或者土地价格，如需购买土地，应将土地购置税考虑在内。

(5) 面积：根据欲建的汽车维修企业等级。

(6) 现有房屋结构和平面布局：

- 底层，无地下室。举升机安装位置与车道地面承重不得小于 2.5 吨/平方米。
- 楼层不得高于 7 层，如有烤漆房，房东允许在从车间到房顶的外立面安装排烟管道。
- 厂房部分宽敞，无承重立柱，如有立柱，柱间距离必须大于 7 米，布局规则，有利于车辆进出，以及在内移动。
- 厂房部分层高必须在 3.5 米以上，不计天花板下安装物，如消防管道、照明装置。
- 建筑室外或周边至少有 15 个专用停车位，并且须确保停车区域安全(有围栏及夜间安防)。
- 便于车辆进出，至少有一个 6 米或两个 3 米宽的车道。
- 房东允许对房屋进行二次装修改造，比如改变部分房屋结构、增加出入口、更换门、扩大电容量、安装排烟通道等。

(7) 租赁期限：至少 5 年，并且该地块至少在未来 7 年内无拆迁计划。

(8) 周边交通：维修站应该易于开车进出，公共交通便利(考虑到员工通勤便利性)。

(9) 公共设施：自来水供应、城市污水井、雨水井以及电力、消防水管、消防栓、电话、宽带等。

(10) 发展潜力：所在的区域是否能够满足未来发展的需求？该区域内的预留用地、客户来源、地方政策等会发生哪些变化？

(11) 零部件供应：即使在紧急的情况下，日常运营所需要的零部件能够很快地送达(与汽车零部件市场的距离最好在 2 个小时的车程之内)。

2.1.3 建店流程

汽车维修企业可以作为独立品牌运营，也可以选择加盟连锁维修品牌。假定以加盟连锁维修品牌为经营策略，品牌形象、设计、施工、设备配置等将需要按照加盟品牌的要求执行。以加盟博世车联品牌为例，其相关审核和建店工作流程如图 2-1 所示。

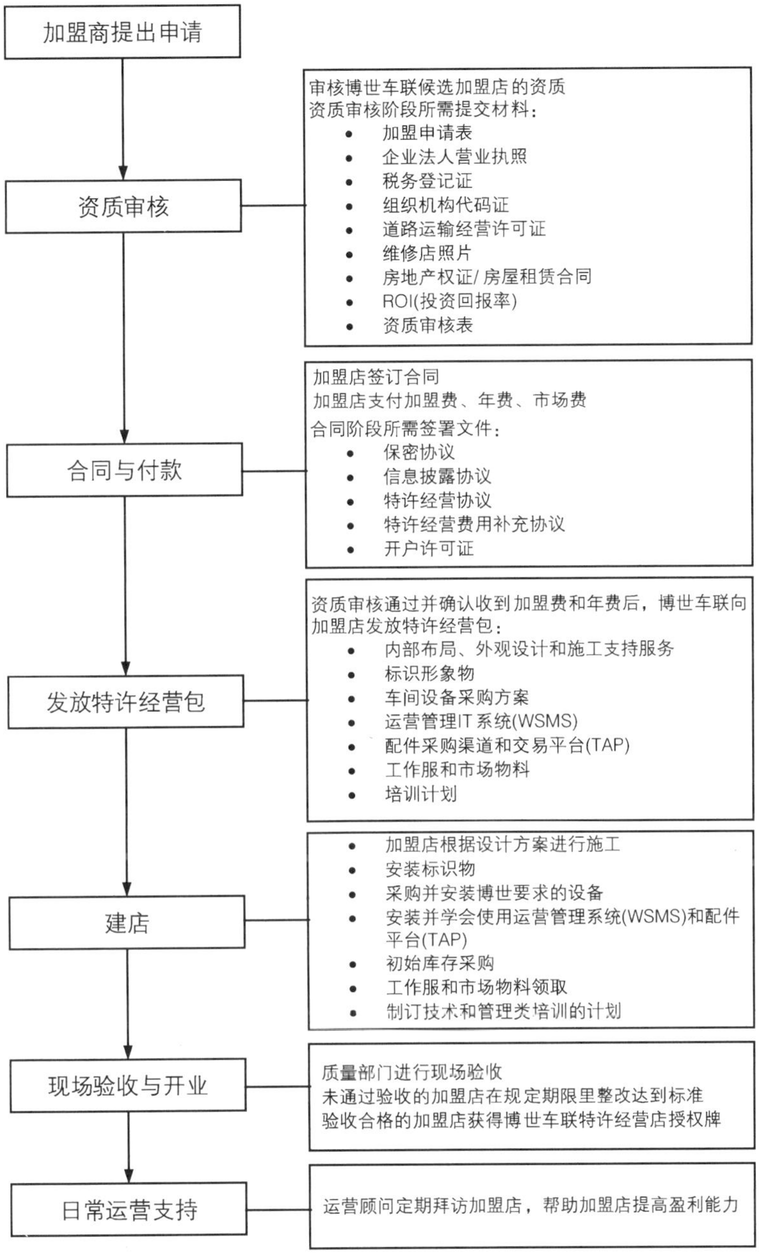

图 2-1　建店工作流程

2.2 设计要求

加盟店有两种形态：新建店和改建店。所谓新建店，是指包括空地建造、毛坯房或改造面积大于 50% 的状况。所谓改建店，是指现有场地原来从事的是汽车维修相关工作，不需要对房屋现有结构做大的调整，只做形象的改变和翻新，包括少量的格局调整，改造面积小于50%的状况。

新建店，尤其是空地建造，必须寻找有资质的设计公司进行设计，并到政府相关部门立项、报建，得到批准后方可动工。毛坯房改造有房屋结构调整时，也需要二次装修的报批，须向物业和当地主管部门咨询具体受理的部门和流程。

新建店的设计要求，即所谓的"白皮书"，是项目招标和工作环境设计的重要文件，具体包括以下内容：

- 基本信息、位置、地块；
- 基础设施和民用设施；
- 建筑概念、房屋布局、特殊房间、特殊区域；
- 机械安装；
- 强电系统；
- 弱电管线及其安装；
- 安全、消防和环境。

改建店，如果需要改变房屋结构，包括拆墙、打通楼板、去除梁或柱等，则需要由有资质的设计公司来进行测算。不需要改变房屋结构的，可以直接由有资质的装修公司承接施工业务。

2.2.1 基本信息

1. 工作内容描述

(1) 新建店需要向设计公司说明具体的要求，可以参照以下几条提供：

- 详细的设计和施工时间表；
- 在给予设计要求的基础上做出合规的初步设计；
- 根据市场价格预估项目费用；
- 设计需符合政府规划许可并能够达到加盟的要求（可参照相对应的加盟装修指导手册）；
- 每次更改都需要及时更新施工图和详细的物件清单，并提供某些项目施工所需的1∶5和1∶1工艺图纸，如外墙、窗、地面、天花等；
- 设计师和工程师之间的协调工作；
- 提供招标所需的文件和工作量清单（如果聘请项目管理公司，可由其制作）；
- 具体的费用核算（如果签订了项目管理公司，可由其代理）。

(2) 改建店需要考虑以下因素：

- 房屋的外墙是否需要改变，如颜色、材料、门窗等；
- 现有的格局是否需要改变，是否有需要拆除或新建的隔墙；
- 内部是否有需要重复使用的设备，是否需要移位；

- 新采购的设备是否需要做基坑(可从设备销售处获得具体的参数)；
- 强电安装；
- 弱电安装；
- 消防系统；
- 安防系统。

2. 场地使用概述

主要涉及场地有汽车清洗、汽车美容、汽车保养、汽车维修、钣金喷漆、汽车用品销售、办公区域和客户接待等。

(1) 项目时间表和时间节点：

- 开工；
- 完工；
- 迁入和试营业；
- 开业。

(2) 项目组织架构：

- 项目负责人；
- 项目采购人；
- 项目财务负责人；
- 项目协调人。

2.2.2 位置

提供房屋地址，如条件允许，附地图与房屋现状的图纸。

2.2.3 基础配套(外部管线)和民用设施

在房东和当地政府的允许下，根据建店需求，合理利用基础配套设施。具体来说，基础配套设施包括以下几类：

- 道路、人行道；
- 排水系统(地下管道、污水管道、雨水管道)；
- 供水系统(城市自来水供应、消防要求)；
- 车间公共设施(主要能源供应、电力供应、网络和电话)；
- 围墙、大门；
- 停车场；
- 室外景观。

基础设施的现状与必要改建会直接影响建设成本和时间，故建议与设计师一起到现场勘察。有时，在开工整修基础设施之前，须向当地主管部门申请。

2.2.4 房屋状况

从房东处取得原始房屋建造图纸，可以缩短设计阶段的时间。若情况允许，应要求设计师现场测量并制图。改变房屋结构须征得房东同意并聘请设计公司评估。

2.2.5 初步平面规划

1. 维修站业务动线规划

维修站流程之所以非常重要，是因为它可以保证维修站安全、高效地运转。对维修站流程的描述，有助于设计师理解维修站不同部门之间的运作关系。

(1) 客户流程

为保证所有进入维修站的客户感到愉悦、舒适，维修站至少要达到以下标准：

- 客户抵达区域：带有明显引导标志的停车场、有足够的车位、充足的光线和完善的安保措施。
- 客户接待区域：客户接待区域应与工作车间分开，并且安全、容易找到。有干净的服务台和热情的接待人员，随时为客户提供站内的产品和服务信息。
- 客户等候区域：可以设置为客户接待区域的一部分。要有座椅、洗手间、茶水间以及放有读物的桌子，也可以提供电视机、电脑或者 iPad 等上网的工具。请记住，客户可能会在这里待上 1～4 小时的时间。
- 预检区域：这是一个特殊的工位，用来检测客户的汽车，可以让客户在这里观看娴熟的机修工检测自己的爱车。为了保证客户的安全，此区域设计应当小心仔细。可以在靠近客户接待区域的地方设置一个专用的工位。
- 产品展示区域：展示的产品如雨刮器、节能灯、车饰等；要接近客户等候区域，并且前台能够照看到。

(2) 工作流程

车间的工作流程需要考虑的重要建造因素有汽车保养与维修区域、钣金与喷漆区域、汽车美容与洗车区域。

- 在汽车保养与维修区域，需要几个工位用来更换轮胎、四轮定位、刹车检测、机油更换以及其他的维修项目。通常来说，这里是维修站中最忙的区域，所有的汽车在维修之前都需要检测。如果有窗口，可以让客户看到维修车间，可以将这个区域放在靠近客户等候区域。
- 在钣金与喷漆区域，有烤漆房以及洗刷和钣金的工位。工作期间，这里会有一些气味、灰尘以及噪声，尽量将其放在离客户接待区域较远的地方。在房东允许的情况下，可以在烤漆房安装到屋面的排烟管道以尽量减小对周边商户的影响。
- 汽车美容与洗车区域应该在容易被看到并且便于汽车驾驶者进出的位置。为减少维修车间的车流量，如果只是洗车，应该避免汽车进入维修车间。相对来说，自动清洗设备相比手工洗车需要更多的空间，要合理安排需要清洗和干燥车辆的车位。通常，车主前来洗车时会考虑打蜡、抛光、换车毯和坐垫套等服务。因此，汽车美容区域应靠近洗车区域。

- 一个中心位置，放置所有机修人员可查阅资料的电脑、维修计划和时间表的看板、文档资料等。
- 到达零配件仓库、存放维修工具等有便捷的路径。

(3) 配件流程

这可能是三个工作流中最简单的一个。但是仍然十分重要，高效的配件、物料流程有益于维修站的经营。有效地利用空间、资源，可以提高维修站的工作效率以及店面形象。

- 物流：为物流车辆提供合适入口。专用的卸货区域、夜间运输设施及安全的物流程序可预防事故并减少损失。
- 仓库：需要一个仓库储藏日常维修站经营所需的物料。零配件要合理地存放，可参照厂商提供的产品说明书，将零部件归类放在合适的货架上并且存放的地方要安全、整洁。如果维修站中有足够的空间，可以将日常需要的零部件都存放其中。如果没有充足的地方，可以考虑在维修站内划出一小部分空间用于存放最常用的零部件，在维修站外建一个更大的仓库用以储藏其他物料。这样，会很容易找到所需要的零部件，而避免把时间浪费在寻找零部件和等待配送上。
- 废弃物：废弃油和化学物品要妥当处理。替换下来的零部件和可回收利用零部件在回收之前要存放在安全的位置。存放老化零部件或者废弃部件的地方亦应该安全、整洁，不同种类的废弃物应该分类存放。

2. 空间分配

可以将维修站所需要的房间或者区域及其功能以表格的形式提供给设计师，基于需求，设计师可以提出合理的设计方案，如表 2-4 所示。

表 2-4 设计方案

区域	面积	注意
车间		12 个维修工位，每个工位 6.5 米(长)×3.5 米(宽)
车间更衣室		总共 25 名工人，只需男更衣室
车间用洗手间		每班 20 名工人，只需男/女洗手间
零配件仓库	至少 50 平方米	油漆须有单独仓库存放，可与机油一起储存
储油间		用于储存机油，2 个油罐，每个尺寸约为 1.2 米(长)×1.1 米(宽)×1.15(高)米

（续表）

区域	面积	注意
发动机大修和特殊工具间	至少 40 平方米	
配电房		
空压机房		1 个空压机
客户接待、休息及汽车用品展示区		
客户用洗手间		男女分开，分别至少有 2 个隔间
敞开式办公室区		6 个工作位，办公桌尺寸 1.8 米×0.8 米
独立办公室		1 个财务办公室（3 人），单个办公桌尺寸 1.8 米×0.8 米，有收款窗口
会议室		1 个会议室，可容纳 4～5 人会议
员工餐厅/茶水间		可同时容纳 15 人用餐，单个餐桌尺寸 1.6 米×0.6 米
办公室用洗手间		可使用客户用洗手间
IT 机房		1 个机柜

2.3 建设与施工

2.3.1 供应商选择

通常来说，汽车维修企业的建设与施工需要有一个总承包商并签订一些分包协议，涉及空调、消防、安防、通信等。对此有两种方法：①由企业负责人决定主要物料和设备的品牌，让总承包商去选择分包商；②分别直接与总承包商和分包商交涉。第一种方法效率较高，并且不需要花费太多精力，但总承包商可能会收取一些服务费。如果施工有很大的时间压力，可以选择第一种方法。若成本是企业负责人考虑的最主要的因素，并且该企业有懂建设的人员时，可以选择第二种方法。

2.3.2 建设与施工文档

1. 施工图纸

最初的平面布局图并不足以开始施工。一套完整的施工图纸可能包括以下内容：

- 总布局图、房屋结构图、综合天花布置图、地面图、外立面图；
- 供水与排水系统图、暖通系统图、冷却水系统图；
- 电器系统图、高压电桥架图、高压电点位图、照明分布图；
- 消防栓布局图、消防喷淋和烟雾探测器布局图、排烟管道图；
- 安保系统图、网络桥架图、网络电位图；
- 电梯、结点图。

2. 主要物料

施工费用取决于很多方面，例如房屋移交时的情况、面积、设计等。装饰材料对成本有很大的影响。装饰材料清单有助于汽车维修企业从施工方那里得到更精确的报价，并根据预算调整支出。主要的装饰材料如下：

- 房顶、外立面、窗户、隔离墙(砖/石膏墙)、墙面装修(涂料/环氧树脂/墙纸)；
- 车间地面(地砖/环氧树脂)、客户接待区域与办公区域(地砖/地毯)；
- 其他区域地砖(楼梯、机房、零配件仓库等)；
- 维修车间天花、客户接待区域与办公区域天花、其他区域天花；
- 入口、车间大门、其他入口；
- 电气安装(动力电缆、配电箱等)、车间照明器材、办公室照明器材、客户接待区域照明器材；
- 备用电源、弱电机房、弱电线缆；
- 电话系统、空调系统、安防系统(出入限制、监控、防盗等)。

根据企业负责人所定义的愿景、使命、企业文化等，清单中可以加入一些企业负责人偏好的主要物料样本或者图片。

2.3.3 施工管理

施工管理主要包括施工进程、工程质量、成本控制等方面。在施工期间，企业负责人也需要注意安全问题。

1. 项目管理服务

如果是新建店，企业负责人可以聘用项目管理公司，提供施工现场管理的服务。当建店施工工程不仅仅是装修而有土建工程时，必须聘请专业的项目管理公司，以确保质量和安全。

(1) 施工现场管理服务

- 日程管理；

- 质量管理；
- 技术管理。

(2) 投标与订立合同的支持工作——针对技术规范与标准

- 设计会议中的支持工作；
- 根据设计要求准备施工招标文件里的工作量清单；
- 对竞标人提交的报价评估；
- 合同洽谈中的支持工作。

(3) 当地政府现场检查中的协调工作

- 了解当地政府审批流程；
- 帮助客户准备相关文档；
- 陪同客户代表接待当地政府现场检查。

(4) 工程最终验收中的现场管理工作

- 现场管理团队对工程进行预先检查；
- 组织客户的最终验收工作；
- 制作验收未合格项目的清单；
- 监督整改工作。

(5) 项目接收中的现场管理工作

- 所有收货文件管理；
- 管理接收工作中承包商和供应商提供的竣工相关文件(包括竣工图纸,所有必要的担保、经营、维护文件)。

2. 竣工验收

当汽车维修企业的建店施工完毕时,应先按照"检查表"自检,如有对标准的不理解或疑惑,可联系对应区域的设计师进行咨询。

2.4 设备与工具

设备工具是汽车维修企业开展日常维修作业的基础,没有专业的设备、专用的工具,很多维修业务就无从实施,而设备工具性能的良好是关键。因此,除了要采购专业合适的设备工具,还要做好设备工具的日常维护保养和管理工作。

2.4.1 设备工具配置标准

1. 设备采购流程

以博世车联为例,设备采购流程如图 2-2 所示。

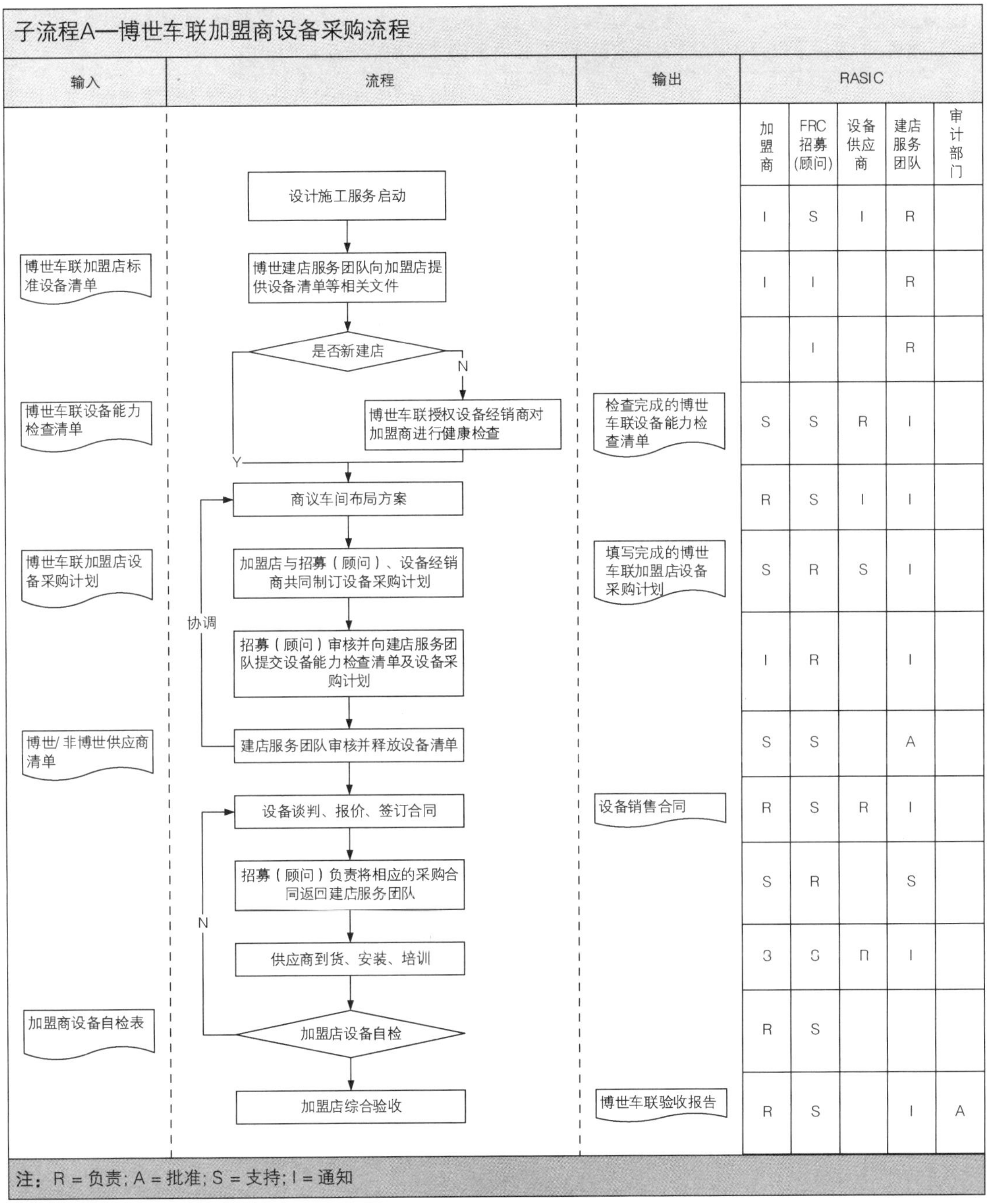

图 2-2 设备采购流程

2. 设备清单标准定义

设备清单标准定义如表 2-5 所示。

表 2-5　设备标准定义

级别	M—必备，指定品牌	S—必备，相似品牌
新建店	必须采购清单中指定品牌的设备	必须采购清单中指定品牌的设备
改建店	必须配置的设备	设备能力检查中，如果没有或现有设备失效，则必须采购清单中指定品牌的设备
授权验收审核	如果不采购指定品牌产品，则无法通过验收	如果不采购指定品牌产品，则可能无法通过验收

注：1. M(Model Defined)：指定型号设备。汽车维修企业建设与施工中，企业负责人需要从所列型号中选择其中一项设备。

2. S(Similar Product)：类似产品。必须与清单中所列举品牌设备的具有相同的功能、相同的质量、相同的安全性能。使用中的类似设备使用年限应不超过 5 年。

3. 标准设备清单

标准设备清单如表 2-6 所示。

表 2-6　标准设备清单

序号	项目	汽车综合维修企业		汽车快修快保企业	
		对于新建站类别	对于改建站类别	对于新建站类别	对于改建站类别
1	工位设备				
1.1	二柱举升机	S	S	S	S
1.3	四轮定位专用举升机	S	S		
1.5	剪式举升机(小)	S	S	S	S
1.6	螺杆式压缩机及其附件	S	S	S	S
1.7	空气管路	S	S	S	S
1.8	尾气抽排导轨和卷筒	S	S		
1.9	卷鼓	S	S	S	S
1.10	废油收集器	S	S	S	S
2	底盘服务设备				
2.1	四轮定位仪	M	S		
2.2	轮胎平衡机	M	S	M	S
2.3	自动拆胎机	M	S	M	S
2.4	轮胎胎纹深度尺	S	S	S	S
2.5	轮胎气压表	S	S	S	S
2.6	刹车液分析仪	M	S	M	S
2.7	刹车油交换机	S	S	S	S
2.8	气动轮胎修补扩充设备(扩胎机)	S	S	S	S

（续表）

序号	项目	汽车综合维修企业		汽车快修快保企业	
		对于新建站类别	对于改建站类别	对于新建站类别	对于改建站类别
2.9	轮胎检漏设备	S	S		
2.10	气动轮胎修补扩充设备（打磨机）	S	S	S	S
2.11	轮胎修理设备	S	S	S	S
3　空调系统					
3.1	冷媒回收机	M	S	M	S
3.2	检漏仪	M	S	M	S
3.3	冷媒鉴别仪	M	S	M	R
3.4	温度计（空调测试）	M	S	M	S
3.5	皮带张紧表	M	S	M	S
4　诊断系统					
4.1	解码器	M	M	M	M
4.2	万用表	M	S	M	S
5　发动机					
5.1	电瓶充电机	M	S	M	S
5.2	手持电瓶检测仪	M	S	M	S
5.3	气缸压力表	S	S		
5.4	排气压力表	S	S		
5.5	燃油压力表	S	S		
5.6	机油压力表	S	S		
5.7	水箱压力测试仪	S	S	S	S
5.8	发动机清洗机	S	S	S	S
5.9	冰点测试仪（测量冷却液）	S	S	S	S
5.10	红外测温仪	S	S	S	S
5.11	发动机免拆清洗吊瓶	S	S	S	S
5.12	进气道节气门吊瓶	S	S	S	S
5.13	机械式异响听诊器	S	S		
6　变速箱					
6.1	自动波箱油更换清洗机	S	S	S	S
6.2	齿轮油加注机	S	S	S	S

（续表）

序号	项目	汽车综合维修企业		汽车快修快保企业	
		对于新建站类别	对于改建站类别	对于新建站类别	对于改建站类别
7 维修工具					
7.1	快速服务工具(快保)含工具	M	S	M	S
7.2	通用维修工具(机修)	M	S	M	S
7.3	推车	S	S	S	S
7.4	通用维修工具(钣金)	M	S		
7.5	工作台	S	S		
7.6	总成吊车	S	S		
7.7	虎钳	S	S		
7.8	减震器拆装设备	S	S		
7.9	压床	S	S		
7.10	变速箱托架	S	S		
7.11	千斤顶支架	S	S	S	S
7.12	卧式千斤顶	S	S	S	S
7.13	测量工具	S	S	S	S
7.14	扭力扳手	S	S	S	S
7.15	手动电钻	M	S	M	S
7.16	热风机	M	S		
7.17	抛光机	M	S		
7.18	角磨机	M	S		
7.19	砂轮机	S	S		
8 汽车清洗及美容					
8.1	移动式洗车机	S	S	S	S
8.2	泡沫机	S	S	S	S
8.3	干湿两用吸尘器	S	S	S	S
8.4	脱水机	S	S	S	S
8.5	蒸汽机	S	S	S	S
9 钣金常用设备及工具					
9.1	大梁校正仪	M	S		
9.2	无尘干磨	S	S		
9.3	智能整形机	S	S		

（续表）

序号	项目	汽车综合维修企业		汽车快修快保企业	
		对于新建站类别	对于改建站类别	对于新建站类别	对于改建站类别
9.4	多功能气动双面点焊	S	S		
9.5	保护焊机	S	S		
10	喷漆常用设备及工具				
10.1	烤漆房	S	S		
10.2	喷枪套装	S	S		
10.3	手持式红外线烤灯	S	S		
10.4	溶剂/水基二合一喷枪清洗机	S	S		

4. 设备能力检查清单

针对改建店，连锁加盟品牌总部会对加盟店的设备能力进行检查，只要加盟店的现有设备能够达到加盟品牌的要求标准，则该设备可以继续使用。如果设备缺失或功能丧失，则必须按照“标准设备清单”中的设备品类进行采购。

5. 主流设备企业名录

主流设备企业名录如表 2-7 所示。

表 2-7　主流设备企业名录

供应商名称	拥有品牌	主力产品
博世汽车服务技术（苏州）有限公司	博世、罗宾耐尔、OTC、百斯巴特、金德、车博仕	OE 及通用解码器、下线检测设备、空调系统检测及维修设备、底盘设备、工具、柴油喷油器和泵试验台
江苏中一汽车机械设备制造有限公司	中一	举升机、烤房、洗车机
上海卡宝汽车设备有限公司	卡宝	尾排系统、打磨设备
广东景中景工业涂装设备有限公司	景中景、宝中宝	烤房
深圳市法比特机电有限公司	法比特	油类加注回收设备
上海甫誉工贸有限公司	磨卡	打磨设备及辅料
芜湖高昌液压机电技术有限公司	高昌	举升机
苏州艾沃意特机械设备制造有限公司	艾沃意特	举升机
盐城市大唐瑞尔汽车装备有限公司	大唐瑞尔	空气管路、卷鼓
中山市鹰飞电器有限公司	飞鹰	钣金设备
盐城博克斯机电设备有限公司	博克斯	空气管路、卷鼓
南昌市龙诚电器设备有限公司	曙光	钣金设备、充电设备
卡尔拉得汽车系统（北京）有限公司	卡尔拉得	大梁校正仪

2.4.2 设备工具管理制度

1. 工具管理

- 专用工具放置在工具间并定置管理；
- 仓库管理员负责工具的借用，并做好工具借用记录；
- 每个维修班组配置一辆工具车；
- 车间主管按不同工种制定工具车配置标准；
- 应保持工具车整洁，不陈放杂物，不用时，须放置在固定划线区域；
- 仓库管理员每月一次检查工具间车内工具情况并记录。

2. 设备管理

- 车间主管对维修设备进行编号标识，并建立设备台账；
- 车间主管参照设备使用说明书，负责编制设备操作规程、设备维护保养计划和设备维护保养管理办法；
- 设备的使用人员依据设备操作规程操作；
- 车间主管将每台设备的日常维护分配到责任人(在每台设备上都应有责任人标识)，并按设备维护保养管理办法对设备进行日常清洁和点检；
- 车间主管安排相关人员按设备维护保养计划和设备维护保养管理办法进行周期性保养，并填写设备维护保养记录；如店内无能力进行该项工作，则由车间主管联系设备供应商进行维护保养。

3. 设备维修

- 当设备发生故障时，由车间主管负责组织自行修理；如无法自行修理，由车间主管联系设备制造商或供应商进行修理，并记录设备“异常情况及维修记录”，维修后双方签字确认；
- 车间主管定期对设备状况进行巡视检查，发现故障立即停用，并做好标识。

4. 设备报废

当设备不能修复时，由车间主管提出报废申请，总经理批准后，实施报废处理。

第 3 章

运营与管理

3.1 计划制订与目标管理

目标管理是由组织最高管理者提出组织在一定时期的总目标，然后由组织内各部门和员工根据总目标确定各自的分目标，并在获得适当资源配置的前提下积极主动为各自的分目标而奋斗。

计划是在实际行动之前预先对应当追求的目标和应采取的行动方案作出选择和具体安排，是管理的首要职能。

制订正确的计划和目标是每个员工和管理者必备的技能。科学合理的计划和目标是保证业务运营正常开展的前提和基础。

3.1.1 计划目标制订的原则与技术要求

1. 计划目标制订的原则

(1) 市场原则：年度运营计划目标的确定必须符合市场客观发展规则，以市场预测为基础，包括汽车市场发展趋势、国家政策引导、全国和区域的行业协会规划、同级市场及维修企业发展对比等。

(2) 股东期望原则：公司生存和发展的最终目标是实现股东价值最大化。

(3) 充分挖潜原则：以市场为基础，考虑汽车维修行业权益利润率平均水平，在充分挖潜的前提下确定预算目标。

2. 计划目标制订的技术要求

有效地制订年度运营计划目标是指导年度经营工作顺利执行的关键。每个人都有过制订计划目标的经历，但是如果上升到技术层面，就必须学习并掌握 SMART 原则。

(1) 明确性(Specific)：目标计划是非常清晰明确的，是具体的。例如，计划年度进店车辆台次是 10 000 台，产值 600 万元。

(2) 可衡量性(Measurable)：目标计划是可以衡量的，有指标数据体现的。例如，计划客单价与上年相比提升 10%。

(3) 可实现性(Attainable)：目标计划的制订是经过数据分析得出的，是可以实现达成的。例如，根据市场分析，在年度利润目标中，计划比上年提升 10%～15%，这是一个可实现的目标；计划比上年提升 100%，这是一个不可能实现的目标。

(4) 相关性(Relevant)：目标计划的制订与日常业务运营是相关联的，是有价值的。例如，年度计划目标进店台次 10 000 台，是基于上年进店台次 9 000 台，保有客户量 4 000 个。这一计划目标的制订是与这些基础数据相关联的，而不是盲目制订的。

(5) 时限性(Time-based)：目标计划是有时间规划和限制的。目标计划都是按照年度、季度、月度等时间周期制订的，就是要给予目标管理一个时限，让大家都在规定的时限内推动目标计划的达成。

3.1.2 计划目标制订的要素

制订合理的计划目标是企业管理层的工作要务。合理的目标应该具有挑战性，给公司员工一定的压力，并激励团队突破自我，不断成长；不合理的目标如目标太容易达成，或者是“放卫星”式的不切实际，都会导致团队提前放弃，达不到激励全体员工的目的。年度运营计划既要基于公司历史实际情况承前启后，也要根据市场发展趋势和公司的战略制定。

年度运营计划都是承前启后的。因此，总结过去的工作就是新工作计划的起点。而对过去工作的总结，应从以下几个角度入手：

(1) 整体维修业务数据分析，包含经营效益分析、财务指标盘点分析、人力资源分析、客户管理分析等。

(2) 年度其他业务目标整体完成情况分析（美容业务或续保业务等）、工作重点分析等。

(3) 年度整体工作的组织运营分析、组织问题分析等。

(4) 年度战略工作完成分析、未完成的原因分析，如客户满意度、客户保持率等。

通过总结和盘点，了解过去一年工作的关键成绩和关键问题，对企业的运营状况有清楚的了解。

在总结完过去的工作后，要再往前看，那就是要召开战略工作分析会议。结合企业前期制定的中长期发展战略，需要通过问题盘点、关键问题研究，分析战略工作的走向、是否需要调整战略或者战略是否应该修正，要重新定位未来的战略走向和目标。年度战略确定应当主要着眼在以下几个方面：

(1) 营销发展方向和思路。

(2) 整体经营策略原则。

(3) 结合战略需要和股东需求，制订新的维修目标（维修业务）和经营目标（利润）。维修业务要分解到品牌、模块、月度、人员。

战略明确是一个简要的思路，主要是在前期战略规划中去完善，找到年度工作的战略要求，让战略工作更加精准和明确。

1. 运营计划目标确定

战略目标明确后，需要将战略目标进一步细化为年度关键经营指标，这些指标要在企业内各部门之间共同研讨，也就是有哪些重点经营指标可以保证战略目标的实现和完成，这些重点经营指标是要明确保证维修企业年度财务指标实现的维修产值、利润等，如表 3-1 所示。

表 3-1　运营计划指标

经营要素	收入、台次、客单价、成本、费用、毛利、利润、毛利率等
业务要素	快保、机修、钣喷、美容等业务
配件要素	库存、周转率、满足率、呆滞率、销售出库额
客服要素	客户保有量、客户满意度、客户回厂频次、续保率等
其他要素	市场预测指标要素

指标其实从另外一个角度看，也就是各个部门的运营 KPI 指标，指标推动年度战略目标的实现，而年度战略目标是依靠这些指标来保障的。

2. 运营策略确定

运营目标的达成，首先必须明确维修企业重点的运营策略思路，也就是具体的经营方法有哪些，有哪些战术思路，应该有哪几个重点的工作框架，针对这些框架有哪些策略方法去推动……通过这些方法的推动更好地实现目标。

3. 明确年度经营策略对应项目工作

策略只是原则和思路，将原则和思路转化为重点项目工作才是管理落地。因此，每个策略应该有若干个重点项目工作来支撑。

项目工作的明确是有顺序和层次的，项目工作的具体体现就是“5W + 2H”（When 时间、Who 谁、Why 为什么、Where 哪里、What 多少、How 怎么样、How Much 预算多少），每个项目由项目负责人将项目分解成子项目，子项目分解成具体的工作事件，而每个项目、子项目和具体的事件都有关键的时间、负责人、行动方法备注和费用，让项目工作组成维修企业年度的工作板块。

4. 明确组织运营体系

当策略和项目工作明确后，需要结合企业前期的组织管理，思考现有组织运营体系的完善：

- ➢ 组织架构是否需要优化？
- ➢ 岗位职责是否需要梳理？
- ➢ 人员编制是否需要调整？
- ➢ 流程是否需要优化？
- ➢ 薪酬激励体系是否需要再造？
- ➢ 绩效管理是否需要调整？

组织体系是维修企业策略、项目工作运行的支撑和保障，同时也是目标达成的实施路径，更是一个企业经营活力的体现。

5. 确定年度财务预算

针对项目工作、组织运营体系，财务需要整理预算。预算主要体现在以下三个方面：

- ➢ 三大报表预算；

➢ 费用结构预算;

➢ 预算管控办法。

预算是年度经营计划的核心,它是维修业务和利润目标实现的基础,也是经营风险防范和管理正常的基本点。按预算办事,照预算执行,这也是财务部门在年度经营计划中需要重点组织各个部门参与的最重要最严谨的工作。

6. 确定年度整体工作路线图

上述工作完成后,需要制订年度工作路线图,让企业员工知道在做好日常工作的同时,每个月、每个季度、整体年度的重点工作和时间节点在哪里。路线图就如同企业工作的航标和灯塔,让每个员工、每个部门都能够清楚地知道自己要做什么,如何围绕着企业工作主线去贡献自己的力量;路线图同时还是企业年度经营计划的指南针,让大家不会偏离发展方向。

3.1.3 计划目标设定依据与维度

在编制运营计划目标时,要充分考虑多方面多维度的因素,既要以企业历史数据为基础,又要关注市场变化的发展趋势、行业政策法规影响、体系内的运营管理差异,多角度全方位地评估测算企业运营目标指标数据。

建议汽车维修企业管理层在编制运营计划目标时,在KPI数据指标的测算中充分考量并参考表3-2所示的四个维度因素。

表3-2 KPI指标维度因素

行业数据	在国内汽车售后维修服务行业中具有共性的行业标准或数据指标。 例:在整个汽车维修连锁加盟模式行业中,平均客单价在500元左右,而要设定一个1 000元的目标就是不合理的、不可实现的,这样的目标设定就失去了意义
体系数据	在整个企业各终端门店内,虽然由于区域市场、客户消费习惯、车辆使用环境等的差异,存在很多经营数据指标的差异,但是在部分指标上还是具有很大的参考性。 例:在整个企业体系内各门店的实际情况,平均毛利率在45%左右,而要设定一个60%或35%的毛利率目标,显然是不合理的
区域数据	区域数据是指在整个企业体系内,根据各门店的地理位置分布,将全国门店按照省份或更大的方位标准分为不同区域,这些区域的经营数据指标。 例:在上海所有维修企业的门店中,钣喷业务占比整个业务的比例是30%,而设定了50%的目标,是不符合区域市场特性和规律的
历史数据	企业自身的历史经营数据指标。 例:前两年经营费用与收入的比例一直稳定在18%,而在设定目标时要控制在10%,这显然是不符合规律的

3.2 运营数据 KPI 指标分析

运营数据是维修企业经营管理的成绩单、运营管控的温度计，也是诊断该企业运营是否健康的体检表。经营是否正常、稳定，可以从运营数据指标中分析出利弊得失。进行运营数据分析的主要目的有以下三个：①评价经营成果；②找到存在的问题；③规划未来的业务计划。

基本运营数据是对维修企业最基本状况的分析，其内容如表 3-3 所示。

表 3-3　维修企业基本情况

财务 KPI 指标	营业收入、成本、毛利润、毛利率、费用、利润等
运营 KPI 指标	进店台次、客单价、客户年平均进店频次、一次修复率、返修率、预约率等
产能效率 KPI 指标	工时利用率、生产效率、工位周转率、准时交车率等
配件 KPI 指标	配件供应率、配件周转率、配件呆滞率等
客服 KPI 指标	回访率、提醒率、预约率、流失率、进店率、满意度等

3.2.1 KPI 的定义与重要性

1. KPI 定义

企业关键绩效指标（Key Performance Indicator，KPI），是通过对组织内部流程的输入端、输出端的关键参数进行设置、取样、计算、分析，衡量流程绩效的一种目标式量化管理指标，是把企业的战略目标分解为可操作的工作目标的工具，是企业绩效管理的基础。

KPI 可以使部门主管明确部门的主要责任，并以此为基础，明确部门人员的业绩衡量指标。建立明确的切实可行的 KPI 体系，是做好绩效管理的关键。关键绩效指标是用于衡量工作人员工作绩效表现的量化指标，是绩效计划的重要组成部分。

2. KPI 的重要性

➢ KPI 指标是最基本的经营管理数据；

➢ KPI 指标为企业制定经营管理目标提供重要依据；

➢ KPI 指标是检查“改善活动”结果的评价工具；

➢ KPI 指标可以监测与业绩目标有关的运作过程；

➢ KPI 指标分析能及时发现潜在的问题、发现需要改进的工作，并进行信息反馈；

➢ KPI 输出是绩效评价的基础和依据。

3. KPI 指标分类及分析原则

➢ 维修企业 KPI 指标根据对应业务内容不同，可以分为以下几类：财务 KPI 指标、运营 KPI 指标、产能效率 KPI 指标、配件 KPI 指标、客服 KPI 指标。

➢ 分析原则：KPI 指标分析，不是静态地看一个绝对值，而是要动态地看数据的变化趋势、比率，将数据进行纵横多维度对比分析，才能准确把握数据反映的真实问题；在进行 KPI 指标分析时，要参考行业数据、体系数据、区域数据和历史数据四个维度来精确分析。

3.2.2 财务 KPI 指标

财务 KPI 指标包括营业收入、成本、毛利润、毛利率、费用和利润六大指标。

1. 营业收入（表 3-4）

表 3-4 营业收入

定义	营业收入是企业在销售商品、提供劳务及他人使用本企业资产等日常活动中所形成的经济利益的总流入 在汽车售后服务行业，营业收入通常称为产值
公式	收入 = 配件收入 + 工时收入 + 其他收入 收入 = 保养维修收入 + 钣喷收入 + 精品养护品销售收入 + 其他收入 收入 = 台次 × 客单价
分析与管控	可以从以下三个方面来分析维修企业产值指标： ① 收入 = 配件收入 + 工时收入 + 其他收入。这个主要是分析在收入结构中，配件和工时的占比状况是否合理，例如工时收入应该占总收入的 20%。 ② 收入 = 保养维修收入 + 钣喷收入 + 精品养护品销售收入 + 其他收入。这个主要是分析维修企业在各业务模块的状况。在整个收入结构中，分别是由这几个业务模块构成，那么，对应的各业务模块的收入在总收入中的占比是多少？应该参考相应的数据指标，对业务模块做出分析。 ③ 收入 = 台次 × 客单价。假如业务收入过低，那么，通过这个公式可以分析，是因为进厂台次少了，还是因为客单价低了？找到问题点，才能有针对性地制订收入提升的措施和计划，并且保证这样的措施计划更有针对性和可行性。

从图 3-1 可清晰地看到，1 月份和 5 月份的钣喷业务比例及 5 月份的精品养护品销售业务比例明显是不正常的。通过对历史数据和行业数据的分析，我们知道钣喷业务的占比正常应该稳定在一个什么水平，一旦出现大幅度波动，这个业务模块显然出了问题。当然，问题有可能是负面的也可能是正面的，这个需要进一步的分析。

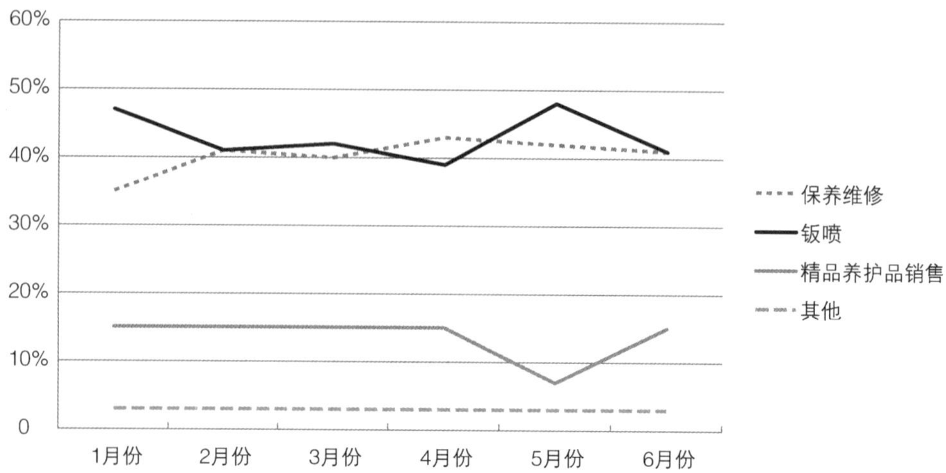

图 3-1　各维修行业占比

2. 成本(表 3-5)

表 3-5　成本

定义	成本是指企业在销售或者提供服务的经营期内应该负担的全部成本,包括销售成本、销售税金及期间费用等 在行业内,为了数据清晰准确、标准统一,通常把成本定义为配件销售出库成本
公式	成本 = 期间配件销售出库成本
分析与管控	成本是用来分析维修企业运营中成本的占比,通常,成本占比是一个相对稳定的数据指标。当成本占比指标出现大的浮动时,可能是运营中出现了问题,需要分析并关注

3. 毛利润(表 3-6)

表 3-6　毛利润

定义	毛利润是指营业收入只减去成本
公式	毛利润 = 营业收入 - 成本
分析与管控	毛利润指标反映衡量的是企业经营的盈利水平,但绝对的毛利润数据并不能说明该维修企业的盈利能力,维修企业所处的市场容量不同,客户保有量不同,业务规模不同,都会造成毛利润的差异

4. 毛利率(表 3-7)

表 3-7　毛利率

定义	毛利率是毛利润与营业收入的百分比
公式	毛利率 = 毛利润/营业收入
分析与管控	毛利率反映的是维修企业的盈利能力

（续表）

毛利润与毛利率案例	A维修企业月产值40万元，毛利润20万元 B维修企业月产值80万元，毛利润30万元 单从毛利润来看，B是高于A的；但如果从毛利率来看，A的毛利率50%，B的毛利率37.5%，显然，A的盈利能力更强。可能只是因为A所处市场容量较小，客户保有量少，才造成产值、毛利率绝对值的偏低

5. 费用（表3-8）

表3-8 费用

定义	费用是指企业在日常经营活动中发生的会导致所有者权益减少、与向所有者分配利润无关的经济利益的总流出

6. 利润（表3-9）

表3-9 利润

定义	利润也称净利润或净收益，是毛利润与费用的差额
公式	利润＝毛利润－费用
分析与管控	利润反映的是维修企业最终的收益

3.2.3 运营数据KPI指标

1. 进店台次（表3-10）

表3-10 进店台次

定义	进店台次是指在一定周期内所有进站维修保养的车辆数量
公式	进店台次＝保养维修台次＋钣喷台次＋精品养护品销售台次＋其他台次
分析与管控	进店台次的多少取决于保有有效客户量和平均进店频次。保有有效客户量是指店内建有客户信息档案的且在近一年内有进店记录的客户数量；而平均进店频次是指在一定周期内所有保有有效客户平均每个客户的进站次数。基于这两个因素，进店台次＝保有有效客户数×平均进店频次 因此，维修企业要提高进店台次可以通过这两个渠道：一是吸引更多的客户资源，不断增加保有客户数量；二是通过一些服务营销活动及客户消费习惯的培养，提升整体客户的平均进店频次
案例分析	某维修企业保有有效客户量为1 000，经过计算该维修企业的历史平均进店频次为3次/年，那么，该维修企业未来一年的进站台次就是1 000×3＝3 000台次。 如果平均进店频次只有2.5次/年，那么，未来一年的进店台次就是2 500台次。 因此，即使保有客户相同的两家店，在进店台次和产值上也会存在一定的差异，不能单纯地根据客户保有量来测算维修企业的业务规模和产值

2. 客单价(表 3-11)

表 3-11　客单价

定义	客单价是指维修企业每个客户在维修服务中平均消费金额或者是平均交易金额
公式	客单价=产值/台次
分析与管控	客单价反映的是平均每个客户为企业创造的价值,同时也反映了员工的平均销售能力

3. 客户年平均进店频次(表 3-12)

表 3-12　客户年平均进店频次

定义	客户年平均进店频次是指维修企业所有保有有效客户在一年周期内平均进店的次数
公式	平均进店频次=周期内进店总台次/周期内保有有效客户数
分析与管控	该指标反映的是维修企业保有客户的用车习惯、消费特性和活跃程度

4. 一次修复率(表 3-13)

表 3-13　一次修复率

定义	一次修复率是指一次性修复的工单在总工单中所占的比例
公式	一次修复率=一次修复的车辆数/总交车台次×100%
分析与管控	一次修复率过低,说明该维修企业的技术诊断和技术能力不足,流程执行不规范标准,配件库存不合理等问题 一次修复率过低,会让客户对该维修企业失去信心,降低客户满意度,增加客户流失 分别统计每个维修班组的一次修复率,可以看到班组间的差异,同时还可以指导合理派工

5. 返修率(表 3-14)

表 3-14　返修率

定义	返修率是指一个周期内进行返修的工单在竣工出厂的工单中所占的比例
公式	返修率=周期内返修工单数量/周期内竣工出厂工单数量×100%
分析与管控	该指标反映了维修企业的车辆诊断和维修技术能力,指标过高,说明该维修企业的诊断及维修技术能力低

6. 预约率（表 3-15）

表 3-15　预约率

定义	预约率是指周期内预约客户占周期内进厂客户的比例
公式	预约率 = 周期内预约客户数量/周期内进厂客户数量 × 100%
分析与管控	预约工作有助于维修企业更加合理的安排工作 预约成功率反映了维修企业预约工作执行人员的工作质量 预约进店率反映了维修企业预约工作的整体水平

3.3 工作效率与服务能力分析

汽车维修企业的生产是依赖维修技师的工作时间来计价的，因此，时间就是金钱。车间的生产效率高低，决定利润的高低，浪费时间也意味着增加成本。因此，对于作业效率的分析，是一项重要工作。

服务能力指的是维修企业所能生产的最大极限。有效地将人力与物力发挥到最高的效能，创造有效经济规模与最大利润的经营效果。

工作效率与服务能力的管控主要是通过相关 KPI 指标数据分析来实现。

1. 工时利用率（表 3-16）

表 3-16　工时利用率

定义	工时利用率是指规定标准工作时间的实际利用程度
公式	工时利用率 = 员工实际工作时间/标准规定工作时间 × 100%
分析与管控	工时利用率可以反映员工工作时间的利用情况，并可通过对缺勤工时、停工工时、非生产工时等的分析，有针对性地解决影响工时利用率的主要问题，不断提高工时利用率。同时还可以通过每位员工的工时利用率指标来分析管理员工的工作效率和状态
案例分析	某维修企业规定每天的标准工作时间是 8 小时，经过统计，某位员工的实际工作时间是 5 个小时，那么，该员工的工时利用率 = 5/8 × 100% = 62.5% 为了方便对员工生产工时的统计，可以采用一些统计工具，例如工时计时器等

2. 生产效率（表 3-17）

表 3-17 生产效率

定义	生产效率是指技师完成维修后，该工单的标准（结算）工时和实际（打卡）工时的百分比
公式	技师生产效率 = 标准工时/实际工时 × 100%
分析与管控	该指标反映的是技师的工作效率，会影响到维修车辆的准时完工和准时交车 可以监控车间技师的生产效率，充分发挥技师产能

3. 工位周转率（表 3-18）

表 3-18 工位周转率

定义	工位周转率是指实际生产工位每天的实际出厂台数与工位数据的比值。工位周转率也可以用工位周转次数来表示
公式	工位周转率 = 周期内进厂台次/工位数量 × 100%
分析与管控	工位周转率过低，就会造成设备的闲置和浪费；而太高，则会造成客户排队等待的情况。应该通过标准流程的执行和规范的作业标准，合理地管控工作周转率
案例分析	某维修企业工位数量是 5 个，平均每天的修理出厂台次是 15 台次，那么，工位周转率就是 15/5 × 100% = 300%。也就是说，每个工位平均每天修理 3 台次车辆

4. 前台服务能力（表 3-19）

表 3-19 前台服务能力

定义	前台服务能力是指服务顾问团队每天所能接车的数量，也是车间的生产台次 如果未能实时处理进厂的车辆，则订单即可能消失，因此，优秀的服务顾问不只是接车，同时是在销售
公式	前台服务能力 = 标准工作时间/服务顾问平均单个客户接待时间 × 服务顾问人数
分析与管控	服务顾问不可能满负荷工作，中间还有休息、用餐时间，所以，行业参考标准是每名服务顾问日接车在 10 台次左右比较合理，这样既保障了客户接待的质量，又能与客户充分沟通，销售更多的服务产品

5. 车间服务能力（表 3-20）

表 3-20 车间服务能力

定义	车间服务能力是指车间每日所能生产的最大容量 车间生产的基本元素主要是维修工位与维修技师，致力提高他们的效能就能提高生产力，但是，车间生产管理有复杂的因素存在，尚需服务经理的综合分析与改进，才能构建坚强的团队与发挥最大的生产能力
公式	车间服务能力 = 标准工作时间/技师小组平均单个客户维修时间 × 技师小组数量
分析与管控	车间的服务能力与前台还是有差异的，车间服务能力除了考虑人员的因素外，还要考虑工位和设备工具的因素，工位数量是否足够，设备工具是否良好可用，都会影响车间的服务能力，特别要考虑工作的数量和周转率

3.4 绩效指标管理

绩效是维修企业的经营成果，绩效指标则是经营目标。有明确的目标，才能有方向，因此，维修企业必须依据各部门的职责与任务分配绩效目标进行管理，职责与任务只是清晰地告知员工做什么，而绩效指标则是告诉员工做到什么样的程度。因此，绩效指标的管理是企业重要的管理工作之一。

3.4.1 可视化的绩效指标管理

维修企业的管理人员需要依据上述 KPI 将量化的指标分解到每个岗位。针对量化的逐级分解的指标分解，需要针对每个指标进行可视化的追踪。

可视化的绩效指标管理有很多工具，共同的特点是数据驱动的仪表板使企业领导人和知识型员工能够实时查看并理解数据，发现问题并解答，以快速付诸实践并启发真正的创新。这里推荐三种绩效管理的可视化工具：

(1) Tableau：可视化，具有交互性，可与 ERP 系统对接以时刻保持更新。

(2) Power BI：由 Microsoft 开发的可视化、交互性工具，可以在一个视图中浏览和分析本地数据和云端数据，用户自定义仪表板和交互式报表。

(3) CPC chart：可视化仪表板，易部署实施，但交互性差。

如果维修企业有足够的资源，可以考虑通过 SaaS 软件与 ERP 系统对接的方式，定制化实时呈现企业的绩效指标情况。企业的管理人员可在手机或 iPad 移动端实时监控企业的运营情况，快速决策。

3.4.2 定期回顾

维修企业管理层需要定期组织自上而下的业务回顾会议（表 3-21），审议绩效指标的可视化报表内容，关注各数据波动及给企业带来的业务影响，审议业务计划和方案，并追踪实施进度和成效。

表 3-21 会议情况

会议分类	频率	内容
管理层会议	月会	向董事会汇报公司绩效情况： 利用可视化报表呈现财务 KPI 指标、运营 KPI 指标、产能效率 KPI 指标、配件 KPI 指标、客服 KPI 指标； 呈现问题并找到根本原因； 就实施计划与管理层达成一致

（续表）

会议分类	频率	内容
管理层会议	周会	回顾各绩效指标情况，审议业务计划和方案，部署实施业务计划方案，追踪进度
部门会议	周会	回顾各绩效指标情况，部署落实各项业务计划和方案，责任落实到人，追踪执行进度
工作组会议	每日会议	部署落实该工作组的各项工作计划，责任落实到人，每日追踪执行进度

第 4 章

营销及市场拓展

4.1 营销概述

4.1.1 市场营销

有市场的地方就有营销，在中国市场，特别是竞争充分的中国汽车市场，各种营销手段已经被广泛运用。营销的能力是一个企业能否快速发展的重要因素之一，尤其是互联网经济时代，营销力更是成为评价企业核心能力的重要一极。纵观近30年中国汽车行业的发展历程，可以说营销能力由浅入深、从弱到强，现在已经到了变革创新的新阶段。汽车行业的品牌力、产品力、服务力的形成，无不与营销力有着相互促进的关系。

市场营销的含义是非常广泛的，不能片面地理解为销售。它虽然重视销售，但更强调企业在对客户需求和目标市场进行充分分析和认识的基础上，以客户需求和市场趋势为导向，规划从产品设计开始的全部经营服务活动，以确保企业的产品和服务能够被客户和市场所接受，从而顺利地销售出去，产生客户价值，占领目标市场，即创造满意与忠诚客户。

美国著名的营销学者菲利浦·科特勒对市场营销的核心概念进行了如下的描述："市场营销是个人或群体通过创造，提供出售，并同他人交换产品和价值，以满足欲望和需要的一种社会管理过程。"

市场营销又称作市场学、市场行销或行销学。MBA、EMBA等经典商管课程均将市场营销作为对管理者进行管理和教育的重要模块。市场营销是在创造、沟通、传播和交换产品中，为顾客、客户、合作伙伴以及整个社会带来经济价值的活动、过程和体系。主要是指营销人员针对市场开展经营活动、销售行为的过程。

在具有不同的政治、经济、文化的国家，营销不应该一成不变。即使在同一个国家，在消费品行业、B2B行业和服务行业，营销方式也是不同的。而在同样的行业里，不同的企业也有着各自不同的营销方式。营销学用来辨识未被满足的需要，定义、量度目标市场的规模和利润潜力，找到最适合企业进入的市场细分和适合该细分的市场供给品，满足用户的需求甚至为用户创造需求。主要包含以下三个过程：

- 机会的辨识；
- 新产品开发；
- 订单执行。

4.1.2 服务营销

营销发展到今天，已经逐步演变为以服务为主的服务营销。一般指在营销的基础上更注重依靠服务策略、服务质量、服务方法和服务关系来获得客户的良好体验及良好评价，并以口碑的方式吸引、维护和增进与客户的关系，从而达到营销的目的。

从维修企业的角度来看，服务营销的目的一方面是维系已有客户创造新客户，另一方面是促进形成新的已有客户。因为服务的特性，服务营销的设计推动和实施更具复杂性和挑战性。

1. 服务营销的定义

服务营销是企业在充分认识满足消费者需求的前提下，为充分满足消费者需要在营销过程中所采取的一系列活动。

服务作为一种营销组合要素，真正引起人们重视是从 20 世纪 80 年代后期开始的，这一时期，由于科学技术的进步和社会生产力的显著提高，产业升级和生产的专业化发展日益加速，一方面使产品的服务含量，即产品的服务密集度日益增大。另一方面，随着劳动生产率的提高，市场转向买方市场，消费者随着收入水平提高，他们的消费需求也逐渐发生变化，需求层次也相应提高，并向多样化方向拓展。

2. 服务营销的特点

(1) 客户需求多样性

中国汽车行业激烈的市场竞争，带动了客户的需求，客户需求的变化反过来促进了汽车行业向纵深发展；产品质量不断提高、产品功能和营销手段令人眼花缭乱，都导致客户期望值不断攀升。满足客户的多样性需求，已经不是一件简单的事情，如图 4-1 所示。

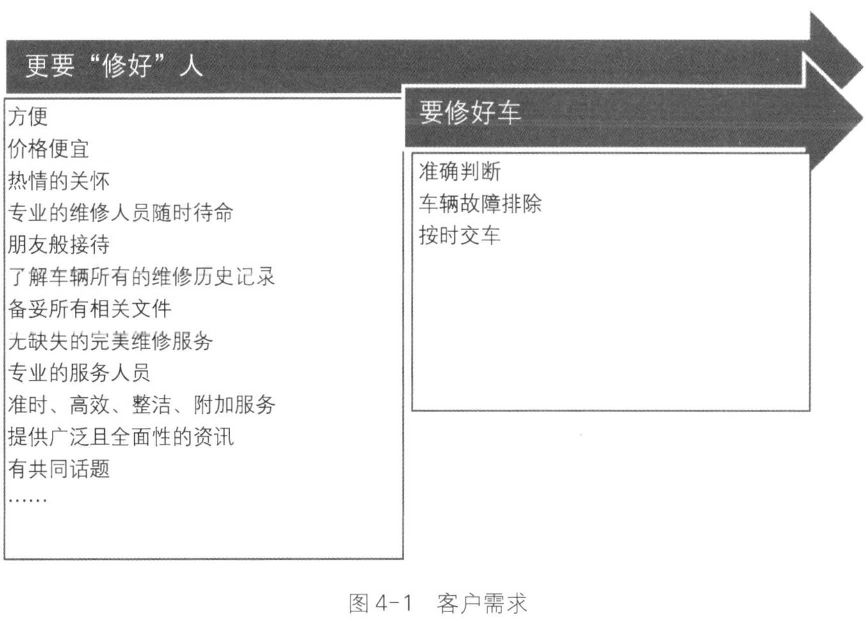

图 4-1　客户需求

(2) 客户需求隐秘性

客户的需求不但越来越呈现多样性，而且有一部分需求又具备一定的隐秘性，即客户并不会直接表达自己的需求，甚至客户自己也不知道自己的潜在需求，而是需要资深的服务人员去引导、去影响。面对这样的问题，不但需要服务，更需要资深的服务人员了解客户心理并进行有效的服务引导。

(3) 服务人员专业性

正因为客户需求的多样化和隐秘性，对服务人员综合能力的要求也越来越高，维修企业的各级服务人员，不但要具备强有力的专业知识，更要具备良好的行业经验、生活经验、社会经验、沟通经验等。只有这样，才能在服务过程中真正产生影响力，才能成为客户愿意依赖、值得依赖的汽车“顾问”，才能成为客户的朋友。服务人员的专业性，是服务人员专业技能、营销意识和各种经验的获取和综合驾驭能力，如图 4-2 所示。

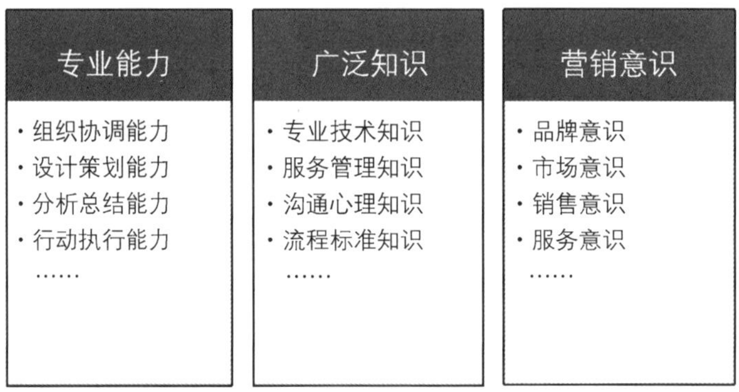

图 4-2　专业服务能力

(4) 营销设计复杂性

营销手段的丰富和泛滥，不可避免地让客户产生审美疲劳，还让客户面对选择时无所适从，这种境况给服务营销带来了新挑战。汽车维修企业要深刻认识到：服务营销已经不是头脑一热就拍板去做的事情，而是需要通盘考虑，从战略的高度去引领，从战术的角度去设计，从现实的角度去实施；既要遵循一定的规律和流程，又要具备良好的创意。

(5) 营销方式局限性

服务营销与产品营销和品牌营销不同，尤其是售后服务相对来说受时间和空间的束缚更大，服务营销的渠道更单一，对服务工具和服务人员的依赖更强，不容易激发创意，服务营销方式的选择更有限。因此，对服务营销的设计、客户需求、服务人员提出了更高的要求。

4.1.3　服务营销的流程

服务营销的重要性对现代维修企业来说已经不言而喻，用服务营销做杠杆，使汽车维修企业的售后服务产生倍增的品牌价值、客户价值和现实价值。工欲善其事，必先利其器，做好服务营销，必须掌握服务营销的流程，以及贯穿在这个流程中的方法和创意。服务营销的流程如图 4-3 所示。

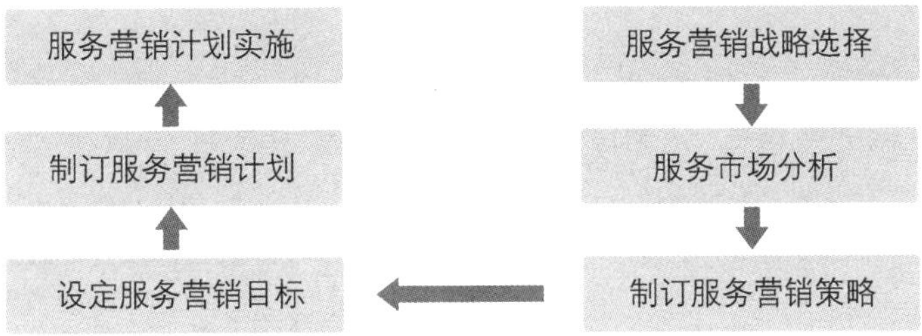

图 4-3　服务营销流程

1. 服务营销战略选择

良好的服务营销战略，是指导汽车维修企业售后服务工作的基石。不同的门店，不同的发展阶段，面对不同的市场，所甄选的服务战略也不尽相同，最终要根据汽车维修企业的实际情况进行战略选择，如图 4-4 所示。

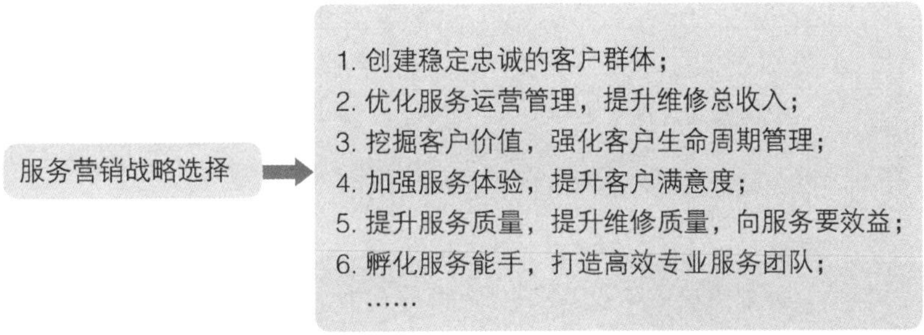

图 4-4　服务营销战略选择

2. 服务市场分析

在把握住服务的正确战略性方向后，接下来就要考虑相对战术性的市场分析。如果没有充分的分析和调研，服务营销的推动必然会走向盲目、被动和失败。市场分析作为维修企业管理者的基本技能，正日益成为服务竞争和市场竞争不可或缺的利器，售后服务及服务营销的成功案例无不投射出细致的调研和科学的分析。

服务市场分析的意义在于：提高对服务因素的可控能力，提高对服务机会的分辨能力，提高对服务趋势的预见能力，提高对服务风险的防范能力。

服务市场分析包含服务市场环境分析、客户分析和竞争者分析三个部分。

(1) 服务市场环境分析

一定要根据既定的服务营销战略，运用问题分析工具(如“5W + H”)，找出市场环境分析的主题，见表 4-1。

表 4-1 市场环境问题分析

"5W+H" 分析项目	核心主题	注释
Why— 为什么要进行市场环境分析	精准的市场分析，即通过信息的收集、分析和运用，使服务： 1. 方向更准确； 2. 策略更有效； 3. 目标更精准； 4. 行动更高效； 5. 结果更可控； ……	✓ 有市场才有营销，了解市场才能做好营销； ✓ 维修企业的管理人员必须对所处服务市场有充分透彻的了解，才能有效使用服务营销的杠杆，放大售后服务带来的价值
What— 分析什么	1. 了解服务市场全貌； 2. 了解服务市场发展趋势； 3. 了解维修企业面对的市场规模； 4. 了解维修企业自身的市场地位； 5. 分析发现服务市场机会； 6. 定位维修企业目标市场； 7. 锁定各类目标客户群； 8. 了解现存和潜在的风险； ……	✓ 维修企业管理者从多维度考虑问题，是避免产生片面认知的方法之一； ✓ 对于每一个阶段分析的问题要固化维度，并根据市场变化加以丰富和优化； ✓ 对于分析的维度，运营经理负责向总经理汇报，总经理要亲自审核
Who— 谁来分析	根据服务营销战略和预定的主题： 1. 总经理和运营经理亲自挂帅； 2. 选择最适合的部门和人选进行工作，比如市场部、客服部； 3. 取得其他部门的有力支持； 4. 取得政府、合作者或供应商的有力协助； 5. 协调可以利用的人脉资源； ……	✓ 很多维修企业的服务营销效果并不好，有的更是草草了事，究其原因，很大程度上是市场分析、客户分析、竞争分析不到位所致； ✓ 由于效果不好，维修企业的重视程度越来越低，甚至是干脆减少分析甚至是没有分析，从而导致恶性循环； ✓ 参与市场分析的人是非常重要的因素，需要对服务营销有比较全面深入的理解，才能真正做到有的放矢
When— 什么时候分析？分析哪个时段的市场环境	1. 服务市场是动态的，维修企业推动服务营销，进行市场环境分析一定要及时并具有前瞻性，否则机会就会错失； 2. 要根据既定的战略，分析有效时段（如客户生命周期各时段）的市场； 3. 制作市场分析计划表，控制时间节点 ……	✓ 新车客户服务方案； ✓ 高考用车服务方案； ✓ 季节性的服务营销活动； ✓ 续保邀约方案
Where— 选择哪一区域的市场环境进行分析	1. 根据维修企业服务营销的总体目标，找出目标区域进行分析，使市场分析更具针对性，其他区域信息可以作为比对参考； 2. 选择区域进行分析时，要注重可行性、便利性和时效性 ……	✓ 养护产品推送； ✓ 客户—员工文体服务营销活动比赛

（续表）

"5W + H" 分析项目	核心主题	注释
How— 用什么样的方法进行市场环境分析？遵循的原则是什么	1. 维修企业可以充分利用各种资源进行信息收集和调研分析，形成各种分析数据和图表； 2. 抽样调研、面访、电话访问、随机访问、数据分析、微信、咨询热线等都是良好的分析渠道； 3. 设计市场分析计划，善于使用分析工具（如：5W + H、SWOT、鱼骨图、PDCA）； 4. 服务市场分析遵循的原则是保障数据的准确性和真实性，并形成趋势判断依据； ……	√ 维修企业要多参加行业信息交流，获得各种有价值的信息； √ 不同的人、不同的分析方式，会产生不同的分析结果（比如：面访各种经验丰富的人，会获得客户丰富真实的信息）； √ 维修企业要善于借助面访的机会获得客户对服务的反馈（比如：上门走访、互动课堂、客休室专访）； √ 维修企业管理者要善于从获得的数据发现隐藏的规律性的东西； √ 借助于工具，增加分析的针对性和全面性

（2）客户分析

通过市场环境分析，明确目标市场之后，接下来要进一步聚焦，即对目标市场的目标客户进行深层次的分析和解读，见表 4-2。

表 4-2　客户分析

"5W + H" 分析项目	核心主题	注释
Why— 为什么要进行客户分析	1. 维修企业售后服务目标客户的信息分析，应该本着为客户着想，满足客户需求，创造客户利益，实现售后服务价值的目的； 2. 客户分析的信息量越大，越细致，往往就越有针对性和可操作性，而且随着数据信息的丰富，可以逐步形成客户信息分析模板，让客户信息变成一种可以运用的工具； ……	√ 服务市场环境分析犹如找到沙漠里的绿洲； √ 客户分析犹如绿洲里有哪些植物和生物；这些植物和生物有多少，属于什么科，有哪些生活习性，怎样保持它们的生态存在和繁衍，它们对人类有哪些益处，应该怎样运用它们为人类造福等细节问题
What— 分析什么	1. 客户分析可以从两个基本维度入手，即分析客户车辆信息和分析客户个人信息； 2. 简单的车主车辆信息是远远不够的，需要不断地丰富相关信息； 3. 车辆信息； 4. 车主信息； 5. 车主关联信息； 6. 潜在客户信息； 7. 客户分析最终要形成趋势判断； 8. 客户分析最终要衍生新的目标客户； 9. 客户分析最终要形成服务销售模型； 10. 客户分析最终要延长客户生命周期； ……	√ 车辆信息； √ 行驶里程、故障信息、零件使用信息； √ 事故信息、保险信息、使用情况信息、行驶环境信息…… √ 车主信息：客户贡献、客户利润、客户职业、客户职位、客户习惯、客户爱好、客户好友、修车习惯、客户性格、客户行为、预约信息、折扣信息； √ 抱怨信息、养护产品使用习惯…… √ 客户分析要尽量用数据说话，制成图表

（续表）

"5W+H"分析项目	核心主题	注释
Who—谁来分析、具体分析谁	1. 谁来分析 客户分析的工作在服务营销中非常重要,因此要选择适合的人员来进行数据采集和数据分析: ● 总经理; ● 服务总监; ● 服务顾问; ● 客服部经理; ● 配件经理; ● 车间主管; ● 维修技师; …… 2. 分析哪类客户 ● 全面分析:所有客户; ● 分类分析:对某一类客户进行分析; ● 个性化分析:对特殊期望的客户进行独立分析; ● 衍生分析; ……	✓ 通过讨论会或研讨会进行客户分析,可以汇集多重信息; ✓ 根据服务营销目标,建立客户分析小组,以便获得准确的、高价值的客户信息; ✓ 根据客户主动回馈信息,找出问题产生的根源,并进行汇总分析; ✓ 根据客户满意度信息,找出问题产生根源,并汇总分析; ✓ 特别关注关于维修质量的信息,找出问题产生根源,并汇总分析; ✓ 对客户行为汇总分析; ✓ 客服经理负责客户信息的最终汇集整理分类
When—分析什么时段的客户	1. 总体上要基于两个基础维度进行客户分析:行驶里程和车辆年限; 2. 时段1:基于行驶里程; 3. 时段2:基于车辆年限; 4. 时段3:在以上两个维度的基础上分析其他客户信息	✓ 对于生命周期内的客户,基于行驶里程和车辆年限是最具现实意义的分析方法; ✓ 对于潜在服务客户的获取以及销售促进为目的的客户分析,可以对其他维度信息进行充分运用,或者组合运用
Where—分析哪个区域的客户	分析区域客户要与时段客户有机结合起来,主要是为了进一步细化目标客户群	根据服务市场营销的主题,确定目标区域
How—用什么方法进行分析	1. 参考服务市场分析的方法,尽量从微观角度进行; 2. 设计市场分析计划,善于使用分析工具(如:5W+H、SWOT、鱼骨图、PDCA); 3. 服务市场分析遵循的原则是保障数据的准确性和真实性,并形成趋势判断依据; ……	✓ 进行各种维度的排名分析; ✓ 客户产值贡献; ✓ 客户毛利; ✓ 客户维修项目次数; ✓ 配件使用量; ✓ 客户抱怨类别; ✓ 客户流失类别

(3) 竞争者分析

服务市场是服务竞争的市场,有市场就有竞争者,尤其是在竞争激烈的汽车服务行业,对竞争对手的分析是必要的,也是必需的。竞争者分析同样需要运用"5W+2H"的方法,这里不再赘述。

将竞争者区分为当前竞争对手和潜在竞争对手，建立分析框架，如表 4-3 所示。

表 4-3　竞争者分析

数据分析	人力绩效分析	情报分析	服务专业性分析	业务目标分析	服务营销分析
资本、融资、财务、场地、工位、工具、设备、人员、客户……	人才策略、绩效策略、团队状况、组织结构、业务结构……	各种业务和非业务运营情报、客户情报……	服务特色、服务优势、服务劣势、服务个性化、服务专长……	年度、季度、月度业务目标；产值、工时、配件、养护产品、钣喷……	服务营销战略、服务营销策略、服务营销目标、服务营销计划……

维修企业要特别重视两类竞争对手，当前竞争对手因为正在与你“分食”主要的目标市场的客户，因此，要集中精力来研究和分析，至少保证自己的商圈不被侵略、客户不会流失。

同时，丝毫不要放松对潜在竞争对手的警惕，因为在你“享受美味”的时刻，总有一双眼睛在背后对你虎视眈眈，这就是潜在竞争对手对你的分析。对潜在竞争对手的分析非常重要，但可能不是最紧急的，因此，以上的分析工作可以根据计划循序渐进地进行。

物竞天择，适者生存，市场是一定会给那些有充分准备的维修企业以良好的回报的。维修企业的管理人员必须重视服务市场，做好服务市场各个环节的有效分析，才能在服务营销中处于十分有力的境地。

3. 制订服务营销策略

汽车维修企业的服务营销策略是以客户需求为核心，根据售后服务运营经验获得客户需求量以及购买力、期望值等信息，有计划地组织各项经营服务营销活动，通过相互协调一致的服务产品策略、服务价格策略、服务渠道策略和服务促销策略，为客户提供满意的商品和服务，从而实现企业的目标。

其中的关键是基于客户需求，即基于目标客户核心需求而设计构建的服务策略，如图 4-5 所示。

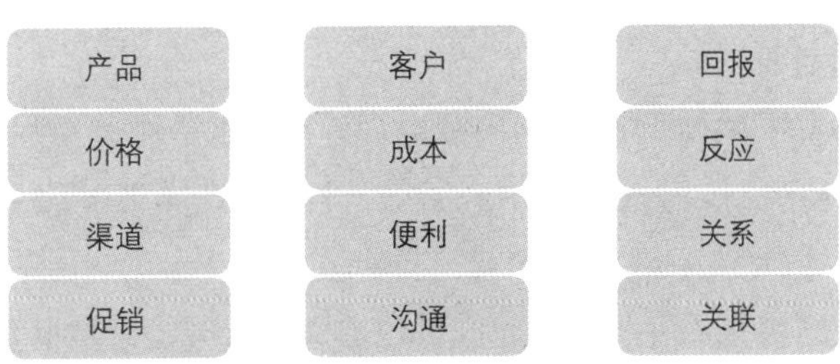

图 4-5　服务策略

汽车维修企业制定服务营销策略的目的是发现和创造客户，获取和维持客户，在激烈的服务市场竞争中处于有利地位。只有服务营销策略得当，才能借助服务市场分析，在环境和市场的变化有很大不确定性的情况下做出正确的决策；才能积极推行革新，在变化中进行决策。

制订切实的服务营销策略需要决策者有很强的洞察力、识别力和决断力。能正确领会、驾驭和使用服务营销策略。服务营销策略包括服务产品策略、服务价格策略、服务渠道策略和服务促销策略。

（1）服务产品策略

主要是指服务产品的设计、包装、品牌等，赋予产品个性化特色，让其在客户心目中留下实用、专业的深刻体验。比如：养护产品套餐、免费检测、预约等都属于服务产品。服务产品的设计一定是在做足服务市场分析尤其是客户需求分析的基础上，结合汽车维修企业自身情况而量身打造的，产品设计的质量，会很大程度上影响服务营销的结果。

（2）服务价格策略

主要是指对服务产品的定价，主要考虑客户认可度、行业市场、同行业竞争、服务营销的目的等。汽车维修企业可根据服务营销的主要目的给产品定价，因为价格比较敏感，所以定价要合理，突出物有所值。如果与竞争对手相比某个项目定价较高，一定要以附加服务或专业服务提升该项目价值，或者通过套餐降低客户对价格的敏感度。

（3）服务渠道策略

主要是指汽车维修企业选用何种渠道把服务产品交付到客户手中。它有很多种，比如直销、分销等，企业可以根据不同的情况选用不同的服务渠道。比如：店内服务、上门服务、上门保养、异业联盟等。

（4）服务促销策略

主要是指汽车维修企业采用一定的促销手段来达到销售产品、增加产值或获得客户资源等目的。比如：空调免费检测（只要客户来店，就有可能带来其他项目收益）、赠送保养券、抽奖、车主课堂等。

当然，企业通过媒体、公共关系等各种形式，传播服务项目，扩大服务影响力，也是服务营销策略的另一种推广形式。对企业提升品牌影响力、客户信任度和服务业绩都会起到应有的效果。

4. 设定服务营销目标

汽车维修企业确定了整体的服务营销战略，接下来便是在营销战略的框架下，通过缜密、科学、合理的分析和决策，根据 SMART 原则，设定合理高效的服务营销的目标。不同的服务营销策略和产品，对应不同的服务营销目标。

一个服务营销主题可以有一个目标，也可以有多个目标，这要根据汽车维修企业的服务营销策略来确定。没有明确的、具体的服务营销目标做导引，即使有良好的服务营销策略，也有可能会迷失方向。

5. 制订服务营销计划

为了实现服务营销目标，汽车维修企业必须制订现实的、可操作性强的服务营销计划。

服务营销计划的制订过程，其实有点像军事演习中兵棋推演的过程，要按实战要求来进行，虽然不能决定最终的执行成果，但完善的计划确实是成功的关键。制订服务营销的计划要从产品、价格、宣传和渠道四个维度进行。

（1）产品

营销活动的产品包括企业经营范围内的所有实物产品和服务产品。

- 目前，能提供哪些产品和服务？
- 将来还可以增加哪些产品和服务？为什么？
- 将来哪些产品和服务会下市？为什么？如：发电机的维修。
- 将来可以推出什么其他的服务项目/营销方法？为什么？

（2）价格

- 竞争对手的哪一款产品/哪一项服务对不同客户的报价是多少？
- 如何定价才能满足营销收益最大化？
- 业务部门针对不同的服务该采用哪一种小时工比率（低—中—高）？

（3）宣传

- 目前，哪些人是我的客户？
- 未来我的其他潜在客户/商机在哪里？

（4）渠道

- 谁是我的本地竞争对手？
- 我的场地位置会带来什么影响？

汽车维修企业制订服务营销计划可以灵活运用“5W + H”这个工具，既具备一定的覆盖面，又比较简单实用，而且一目了然。从管理者的角度看，营销计划分两类，一类是服务营销控制计划；另一类是服务营销执行计划。通过这两个计划表，基本上就可以掌控服务营销设计和执行。

6. 服务营销计划实施

汽车维修企业构建了周密服务营销计划，接下来的工作只需按照计划的人员、设备、工具、时间进行操作即可。只是在操作过程中，要事前规划和考虑临时发生的现场问题，并提前规划系统的解决方案，做到有备无患。

- 制作服务营销地图；
- 提前一天检查软硬件保障；
- 与客户有充足的互动时间和空间；
- 充分发挥企业各部门的作用；
- 准备有意义的纪念品或小礼品；
- 服务营销活动前期一定要考虑应急方案；
- 一旦突发情况发生，立即采取相应措施；
- 关注参加服务营销活动的主要客户。

4.1.4 服务营销关键管理因素

1. 服务产品

汽车维修企业的管理人员在做服务营销开发服务产品(如保养套餐、养护产品套餐、车主课堂等)时,必须全面关注服务产品设计以及客户认为有价值的围绕核心产品的所有附加服务的设计。也就是说,必须专注于为客户创造价值的服务行为的所有方面。

例如:汽车维修企业推动的"保养套餐"产品,这个服务产品不但包括机油、三滤、四轮定位、免费检测、发动机清洗等配件费和工时费,还包括了产品宣传、服务人员、客休室环境、价值展示、车间操作规范、回访跟踪及客户现场体验等,服务营销中的产品一定是服务产品本身和整个服务过程(图 4-6)。因此,在设计服务产品时,一定要有全局的服务营销思维。

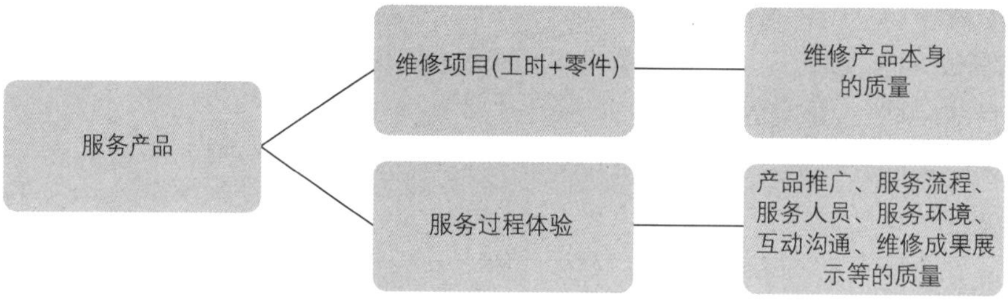

图 4-6 服务产品设计

2. 服务渠道

汽车维修企业在设计和推动服务市场营销时,对服务产品交付实施的时间、场所等一定要根据产品的特性和目标客户特点进行多维度考量,既可以使用有形的渠道,也可以使用无形的网络渠道,响应速度及产品交付的方便性已经成为汽车维修企业管理者考虑的重要因素(图 4-7)。

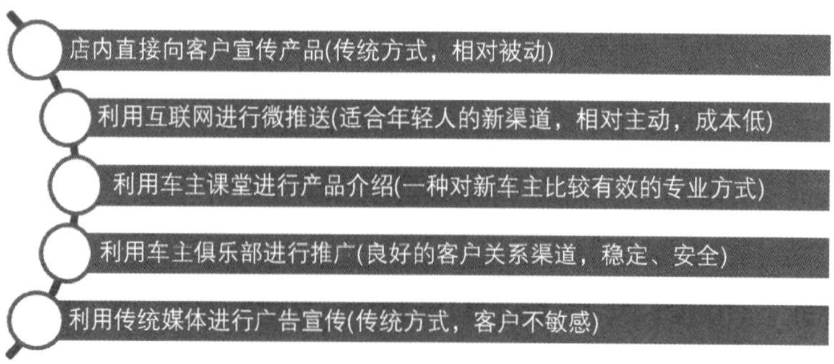

图 4-7 设计和推动服务市场营销

3. 服务过程

服务过程的重要性不言而喻。服务流程是汽车维修企业服务过程的主体，除了主体服务流程，服务营销过程中企业向客户交付服务产品的程序，又形成一个又一个流程，统称为服务过程。

企业服务营销过程中，要学会高效运用服务流程，提高整个服务过程的服务质量，增加客户体验感。同时，对服务营销中的产品和服务交付过程也要向客户阐述，概述在服务交付中行动的方法以及顺序。要高效运用服务过程，避免客户感觉服务过程冗长、低效，甚至激怒顾客。

比如："车主课堂"的组织和实施流程，都是给客户留下体验的过程，通过这个过程，让客户感受到专业、真诚、沟通、价值，就是服务过程成功运用的结果。

4. 服务质量

服务质量是有关服务产品满足客户需求、欲望、期望的程度，关系客户满意度和忠诚度的建立。汽车维修企业的管理者必须关注服务质量。服务质量的第一基础是一次修复率，第二基础是客户满意度。提高服务质量的重点在于了解客户期望，做好关键时刻(MOT)，超越客户期望。优质的服务营销质量必须符合的标准如图4-8所示。

图4-8 服务营销质量标准

(1) 服务规范化和技能化：服务技能不断提高，操作规范，能够解决客户疑难问题。

(2) 服务态度和服务行为：客户能切实体验到服务人员的主动关心，并以实际行动为客户排忧解难。

(3) 服务亲近性和服务灵活性：客户认为服务营销实施的服务渠道(交付方式、时间、服务人员和营销流程)更便于他们接受服务，并能灵活地根据客户要求加以调整。

(4) 服务可靠性：良好的服务质量会使客户确信，无论发生什么情况，他们能够依赖汽车维修企业，依赖汽车维修企业的服务人员或流程系统；汽车维修企业能够遵守承诺，尽心竭力满足客户的最大利益；汽车维修企业提供的服务物有所值。

(5) 服务风险控制：良好的服务质量，就是让客户感知到，无论何时出现意外，汽车维修企业都会迅速有效地采取行动，并能寻找新的可行的补救措施。

5. 服务人员

汽车维修企业售后服务的质量更依赖于员工与客户的直接接触、互动，这种互动性强烈影响客户对服务质量的感知。而服务营销的目的之一就是加强客户对服务质量的感知。

客户常常判断与他们打交道的服务人员，并以此为基础来评价服务质量。有鉴于此，成功的汽车维修企业应该建立良好的人力资源体系，选择、培训和激励服务人员，同时建立良好规范引导客户的行为。J.D.Power 亚太公司发布的中国汽车售后服务客户满意度(CSI)的五大因子如图 4-9 所示，按权重排序依次为服务质量(24%)、经销商设施(21%)、服务后交车(21%)、服务顾问(18%) 和服务启动(17%)。其实，无论权重大小，基本上五大因子都与服务顾问和服务人员息息相关。从接待到开单，从维修到竣工，从结算到交车……每一个环节，都是服务人员了解引导客户需求、真诚主动、遵从标准、沟通互动、规范操作的结果。可以说，服务人员是整个服务营销实施过程中关键的关键。而客户满意度恰恰也是企业服务营销成功与否的试金石。

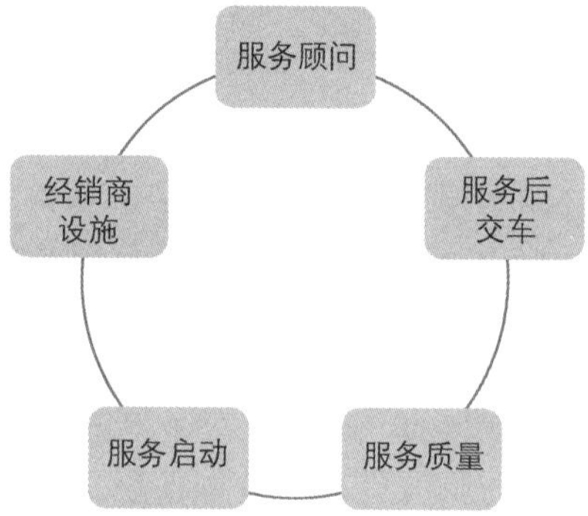

图 4-9　满意度五大因子

6. 沟通与培训

成功的服务营销永远离不开与客户的有效沟通。沟通担当了三个重要的角色：提供所需的信息和建议；说服目标客户认知服务产品；鼓励目标客户认知或购买服务产品。服务营销的沟通任务，从根本上讲，就是提供服务的价值信息、引导客户、告知服务的时间与地点，以及引导客户如何参与服务营销的服务过程。

其实，服务营销的过程就是与客户沟通的过程，这里重点强调沟通，就是提醒服务营销设计和管理人员要特别重视通过各种方式与客户沟通，如图 4-10 所示。

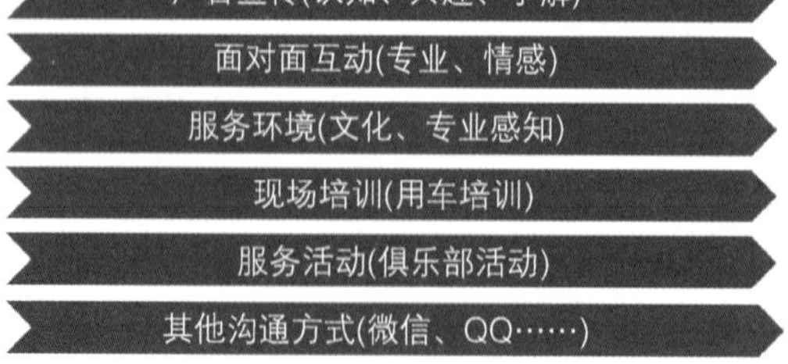

图 4-10　沟通手段

7. 有形展示

服务营销过程中有形展示是非常重要的一个环节，这也是服务的特性使然，服务有时候作为一种行动，从根本上是无形的，客户所购买的服务价值有时不是直接通过有形因素产生的，而是从无形的“行为即服务”产生的。比如说“维修技术”，你可能无法直接看到技术的高与低，只能慢慢地体会。服务的这种无形性意味着服务作为一种行为更多的时候既不能触摸，不能包装，也不能带走。这一独特性要求汽车维修企业营销策划者要重视对无形服务的有形展示，利用有形的形象、象征手段来展示企业的服务能力，通过利用有形因素让客户感受体验服务产品的价值，如图 4-11 所示。

图 4-11 有形展示

因此，汽车维修企业在服务营销过程中，要有力地通过人员行为、环境氛围、流程标准、产品陈列、技术竞赛等有形展示方法，增进服务营销中关键时刻(MOT)的冲击作用，从而更大程度地影响客户对优质服务的深刻印象。

8. 客户满意度与忠诚度

服务营销的核心目标并不是在销售，而是通过卓越的服务快速提高客户的信任度和满意度，引导客户进行重复购买，增进客户忠诚度。通过卓越的服务体验，引导客户主动进行口碑传播。因此，汽车维修企业服务营销推动的负责人员一定要更多地关注客户需求和客户关系，通过以客户需求和客户关系这两个中心，增强客户黏性。只有赢得客户的信任和信赖，才能获得客户的满意和忠诚。不能实现客户满意的服务营销是最大的失败。

4.2 市场拓展及客户开发

4.2.1 集客营销概念

1. 集客营销

根据前面章节对服务营销的总体概述及服务营销流程图，我们就可以根据汽车维修企业的现实情况进行服务营销的实际设计和实施。

例如：对一个新建的还没有很好的客户基础的汽车维修企业，可能首要的服务营销战略任务就是集客。在确定集客的基础上，首先对企业定义的目标市场进行分析，依据充分的数据分析结果，制定集客的策略，同时设定集客的目标；然后根据集客目标制定完备的集客计划，接下来是计划的实施和监控(图 4-12)。

制定服务营销战略	•集客营销
服务市场分析	•商圈分析、客户分析、渠道分析、竞争对手分析……
制定服务营销策略	•集客策略选取
设定服务营销目标	•集客目标测算设定
制订服务营销计划	•集客方案与计划制订
服务营销计划实施	•集客方案与计划实施
服务营销结果监控	•集客结果监控与总结

图 4-12　计划实施与监控

集客营销的重要性无须再赘述，这里重点阐述集客营销的原理和集客营销需要关注的核心要素。

汽车维修企业的生存和发展必须要依赖一定数量的忠诚客群体，根据销售漏斗原理(图 4-13)，汽车维修企业必须掌握足够数量的待开发客户和意向客户，只有这样，通过有效的营销互动才能更好地促成入围客户的最后成交。集客营销的主要目标就是先厘清待开发客户群体，然后进行有效的宣传，形成一定规模的意向客户，聚集到一定的入围客户，在入围客户中形成可转化客户群体，最后转化为成交客户。汽车维修企业的忠诚客户群体就依赖于有多少成交客户。

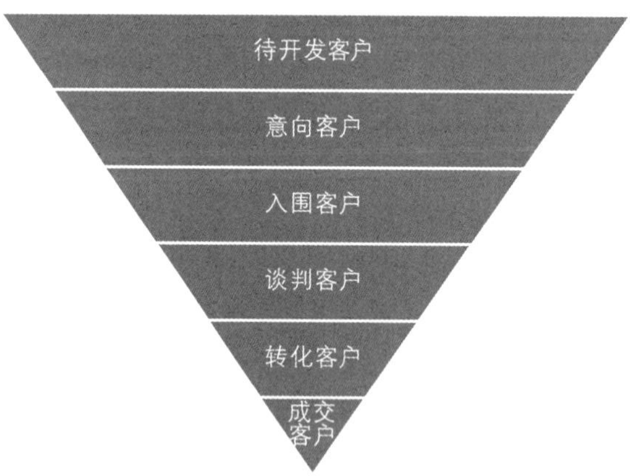

图 4-13　销售漏斗示意图

2. 集客营销的对象客户(基于销售漏斗原理)

(1) 待开发客户

汽车维修企业要清晰定义本店的待开发客户群体，无论有无客户基础，都要进行良好的定位和定义。通常，待开发客户群体分布在以门店为中心、半径为 10 公里的区域内的车辆用户。汽车维修企业要通过各种渠道获得区域内待开发客户的信息,促使他们对该企业形成认知和信任。集客营销的目的之一就是对待开发客户的“唤醒”,通过集客发现待开发客户群体中的可能意向客户。

(2) 意向客户

通过集客活动,筛选分析获得意向客户群体,是汽车维修企业掌握有效客户资源的首要环节,有了足够的意向客户,企业才会有立足的勇气。这里的意向客户通常是指通过集客来店的,并有车辆维修服务需求的客户(他们中的一部分可能对企业提供的相应服务产生兴趣并进行尝试)。

(3) 入围客户

对于意向客户群体,在集客活动中和活动后,要充分与他们互动,了解这个群体的核心需求和潜在需求,了解客户车辆及维修服务现状,把该汽车维修企业的优势和特点以及带给客户的利益和价值进行充分的展示。在此基础上,那些明确对企业提供的相应服务产生兴趣并进行尝试的客户,可以定义为入围客户。要进一步采取行动,争取让他们能快速地尝试企业的维修服务。

(4) 谈判客户

对于入围客户群体,采取的最有力的行动就是通过沟通互动进行有效促进。能够接受沟通互动并愿意进行互动,并且能够就维修和服务进行意见交换的这部分客户我们称之为谈判客户。入围客户一旦愿意成为谈判客户,说明这部分客户距离成为该汽车维修企业真正的客户只有一步之遥,需要引起我们特别关注,并在此基础上不失时机地进行促进和转化。

(5) 转化客户

对于谈判客户群体,主要目标是对谈判客户群体进行有效的转化。通过客户对该汽车维修企业的服务能力和服务专业性的了解,口头或书面表示愿意在该企业接受服务,或愿意来尝试的客户,我们统称为转化客户。转化客户虽然意向已经十分明确,但还需要真正的成交作为检验,所以,对于转化客户群体,最重要的一环就是寻找适合的时机,积极促成成交。

(6) 成交客户

对于转化客户,最重要的是实现成交。通过汽车维修企业的营销促进,客户成功进行维修和服务体验后,形成了成交客户群体。这个过程非常重要,企业要通过超越客户期望的服务和质量让客户感受到服务的专业性、便捷性,同时感受价格的合理性和物超所值。只有这样,成交的客户才能有效地得到巩固,成交的客户才能得到有效地拓展。

以上6个环节,是汽车维修企业集客营销的明确目标和基本步骤,集客的核心目的是获得尽可能多的意向客户并对意向客户实现有效的成交转化。集客的另一个目的是获得一种聚集和促进效应,加速客户在特定氛围下转化的效率。

4.2.2 集客营销执行

1. 集客营销的主要方法

集客营销既是一种工具，更是一种能力。汽车维修企业要充分认识到集客营销在企业各个运营阶段尤其是新建店阶段的重要性，同时也要领会集客营销的实战性，只要最终有效获得相应客户群体的信任并实现相应数量的成交，就达到了集客营销的核心目标。针对服务区域内的对象客户，通常可以采取以下方法。

(1) 拜访邀约大客户

大客户是汽车维修企业的支柱资源，拥有了大客户，汽车维修企业的生存和发展就拥有了坚实的基础。因此，集客的核心途径之一是先行定位和寻找潜在大客户，企业服务区域内的政府机关、有规模的公司和企事业单位等都可以作为集客的主要目标。对大客户的开发要引起足够的重视，要制订周密的分析和开发计划，尤其是在集客营销的适当时机产生转化成交的大客户，会产生良好的导向效应，加速其他各种类型客户的参与和转化积极性(适合企业集客)。

(2) 活动邀约

汽车维修企业要根据集客营销计划定期举办各种营销活动主动邀约或促进目标区域内(商超、社区、企业等)目标客户主动进店，从而使其有机会了解企业的品牌、产品和服务，并进行转化和成交。

(3) 互联网集客

充分利用互联网，也是集客的重要方式之一。比如，通过比较知名的汽车网站的汽车论坛、技术论坛、品牌论坛等方式，都可以获得客户的第一手信息，再经过线下进一步的筛选和分类，可以快速形成一定规模的客户集聚群体；在此基础上，匹配合理的线下营销活动，邀请和吸引客户实际进店，也是汽车维修企业可以有效运用的集客手段。

(4) 媒体计划

汽车维修企业要充分利用媒体优势，宣传企业品牌和服务特色，通过各种形式的传播，让目标客户了解企业的品牌优势、服务优势和价格优势，从而吸引客户进店了解或尝试。当然，媒体计划要配合适当的促销手段以达到在特定时间吸引客户进店参与的集聚效应。

(5) 店面指引

良好的店面指引和有吸引力的户外广告，也是集客的有效手段之一。这种方式对于区域内用车客户也会起到良好的示范指引作用，会通过店面形象对品牌的强大和专业的服务产生更直观的印象，再配合适当的营销活动，吸引一定的目标客户进店也是水到渠成的事情。

(6) 社区推广

社区推广也是很有效的方式之一。现在的客户更愿意采用更便捷的方式获得各种信息。特定时间(如周六、周日)的社区推广往往增加了这种便捷性，同时，社区推广可以更直接地与客户互动，让客户更清楚更有效地了解汽车维修企业的品牌和服务，而且，社区推广的方式如果操作得好，更容易增加客户的信任和增进与客户的情感，是一种很好的集客方式，能有效地促进意向客户进店。

2. 集客营销考虑的因素

（1）时间因素

集客营销可以长期有规律地进行，但集客营销的特点决定了集客营销在特定的时间段，要发挥特别的集客作用。因此，在做集客活动时，根据汽车维修企业的规模及客户状态，通常要设计有效的集中时间和活动计划，积聚起人气效应，以放大集客营销的作用。没有有效的时效规划，集客营销的效果就会大打折扣。

（2）目标客户

集客营销的主要目标是获得丰富的意向客户并在来店时最终转化为成交客户，所以，潜在客户和意向客户越多越好，但也要注意，由于时间成本、人员成本等的制约，还是要充分运用20/80定律，设法掌握核心客户，即大客户的吸引和转化，要把集客的主要精力放在大客户的开发上，尤其是对于新建店，更要充分重视大客户的盈利效应和集客带动效应。

对于集客活动中获得的大客户以外的客户信息和沟通信息，要进一步分类分析，为下一步的转化工作打下坚实的数据基础。

（3）营销创意

集客的主要目的是参与客户的数量要够规模，来店的客户数量有保障，这样才能实现更多的成交转化。为了实现这一目标，就要求集客营销活动的创意要具有独特的创新性和引导性，要能够有效地吸引到客户的关注和兴趣。只有客户有兴趣到现场参与营销活动，我们才有机会实现对客户的转化。

（4）转化计划

无论哪种形式的集客营销，意向客户来店率越高，转化的可能性也就越大。汽车维修企业要对来店的客户进行充分分析，把客户聚集来并不是特别难，最重要的工作在于对聚集的意向客户的有效转化。因此，集客营销活动是一套系统的客户开发解决方案，一定要用心设计，争取在集客营销过程的前、中、后期做好完善的转化计划，根据转化计划，设定每一个批次来店客户转化率，然后加强与客户的沟通和互动，及时进行情感跟进和专业展示，有效促成意向客户的实际转化。

（5）渠道策略

集客营销活动及其创意，需要不断地推陈出新，集客营销的渠道也需要适时地创新，这样，集客的效果才会更好。尤其是在互联网等新媒体应用的时代，更是需要汽车维修企业勇于尝试用新方式、新渠道与客户建立新联系，有效发挥各种新渠道的作用，利用各种有效渠道进行集客，达到集客营销的目标。

3. 集客营销执行工具

在实施具体的集客营销活动时，汽车维修企业除了要遵从服务营销流程，还可以参考集客营销活动要素，以便更完整地优化和控制整个营销过程，从而达到预期的良好效果。

集客营销活动要素包括集客名称、集客背景、集客日期、集客地点、目标客户、集客策略、集客目标、集客内容、集客形式、执行人员、集客计划、集客场地、集客礼品、媒体计划、集客预算等15项内容，这既可以作为集客活动的流程参考，也可以作为集客活动的监测参考。

成功的集客营销，只有完全具备或基本具备该15项要素，才有可能达成良好的预期的结果。

4. 年度集客营销活动计划

汽车维修企业集客营销并不是一蹴而就，也不是偶尔为之，集客营销应该是按计划长期进行的。企业可以根据实际情况制订年度的集客规划，然后针对每一次集客的主题，制订有效的策略和方案。

4.2.3 集客营销执行流程

集客营销执行流程包括活动备案、活动推进、费用控制、人员分工、效果追踪五大步骤，具体如表4-4—表4-8所示。

表4-4 活动备案表

<table>
<tr><td>汽车维修企业名称：</td><td>联系人：
（职位、姓名、联系方式）</td></tr>
<tr><td>活动名称：
（活动的具体名称）</td><td>活动主题：
（活动依托的概念、宣传理念）</td></tr>
<tr><td>活动时间：
（年/月/日/星期，具体时间段）</td><td>活动地点：
（省份/城市，注明场地名称）</td></tr>
<tr><td>活动背景：
（市场情况、季节情况等，说明为什么做活动）</td><td>活动目的：
（预期效果，如增加多少销售额、增加多少客单等）</td></tr>
<tr><td colspan="2">活动内容：
（活动详细流程、针对人群、关键环节、客户沟通方式、涉及物料、宣传方法等）</td></tr>
<tr><td colspan="2">汽车维修企业管理人员审批意见：</td></tr>
</table>

表 4-5　活动推进表

××活动推进表 活动时间 (20××/××/××,第××周,周×)				时间															
				第一周							第二周								
项目	内容	负责人	状态	1	2	3	4	5	6	7	1	2	3	4	5	6	7		
物料准备	物料 1		完成																
	物料 2																		
	物料 3																		
	物料 4																		
场地准备	场地 1		进行中																
	场地 2																		
	场地 3																		
人员培训	活动执行人 1																		
	活动执行人 2																		
	活动执行人 3																		
	活动执行人 4																		
	后台支持人 1																		
	后台支持人 2																	活动日	
	后台支持人 3																	截止时间	
	后台支持人 4																	已完成	

表 4-6　费用控制表

××活动费用控制表
(活动时间：20××/××/××,第××周,周×)

项目		预算			实际		
名称	单位	数量	单价	总价	数量	单价	总价
物料 1							
物料 2							
物料 3							
物料 4							
物料 5							

（续表）

项目		预算			实际		
名称	单位	数量	单价	总价	数量	单价	总价
物料 6							
物料 7							
物料 8							
物料 9							
物料 10							
人工 1							
人工 2							
人工 3							
人工 4							
场地 1							
场地 2							

表 4-7　人员分工表

××活动人员分工表
（活动时间：20××/××/××，第××周，周×）

进度	项目内容	第三方人员/联系方式	店内人员/联系方式	职责描述
活动准备	行政报备			
	物料设计			
	物料制作			
	场地联系			
	场地搭建和撤展			
活动执行	检测设备			
	传单发放			
	礼品发放			
	现场客户接待			
	后勤			
活动总结	效果跟踪			

表 4-8　效果追踪表

××活动效果跟踪表
（活动时间：20××/××/××,第××周,周×）

客户姓名	车牌号	手机号	到店时间	活动名称	获知渠道	额外消费	额外项目	*单人成本
张 1								
张 2								
张 3								
张 4								
张 5								
张 6								
张 7								
张 8								
张 9								
张 10								
张 11								
张 12								
张 13								

备注：单人成本 = 集客成本/集客数量 + 进店体验成本。

4.3　互联网营销

汽车维修企业需要按照目标客户所在区域媒体的消费习惯，合理制订广告投放计划，为企业的业务发展做铺垫，扩大企业品牌及服务影响力，提升企业知名度，吸引更多的进店客流。

4.3.1　互联网营销的形式

1. 新媒体体验

应充分利用潜在的最新数字应用程序，构建客户意识和推动新业务发展，包括智能手机应用程序、视频网站、建立个性化网络横幅的模板、在线预约工具、微信平台、电商平台等。

2. 广告模板使用及发布规范

(1) 汽车维修企业使用统一的广告模板时，应遵守模板使用的有关规定。

(2) 广告模板要体现汽车维修企业的品牌及服务的信息，以结合企业理念、文化和对精神的诉求，突出品牌标志，画面整洁、大气。

4.3.2 执行者

1. 市场经理

负责策略制订，规范指导和监督。

2. 市场专员

负责广告计划制订，广告审批的具体执行；负责具体执行，并负责区域市场的竞争对手的动态分析。

4.3.3 案例分享：博世车联全国促销

1. 活动介绍

主题：博世车联，守护您的赏秋之旅

时间：2016 年 9 月 24 日至 10 月 30 日

范围：全国已正常营业的博世车联综合维修和快修快保门店

产品：博世机油、博世车载空气净化器、博世火花塞

2. 活动项目

项目一：免费博世车联专业车辆检测

活动期间到店的所有车辆均免费获得 1 次博世车联标准的车辆检测。

项目二：使用博世机油保养、更换博世火花塞享受工时费 5 折

(1) 仅限博世品牌机油及博世品牌火花塞。

(2) 工时费价格以各加盟商门店价格为准。

项目三：你保养，我买单

(1) 活动期间在门店使用博世机油进行保养。

(2) 将保养凭证(显示项目、日期、价格及车辆信息)拍照发送到博世车联公众号。

(3) 抽取 10 名车主，帮他买单保养费用(最高 1 000 元)。

(4) 中奖者将通过微信与其联系。

项目四：微信分享活动，赢取 3 000 元赏秋出行礼券

(1) 添加博世车联总部微信公众号。

(2) 将活动 H5 页面分享到微信朋友圈。

(3) 将在所有转发者中抽取一位获得 3 000 元出行礼券。

(4) 3 000 元出行礼券为携程礼券，可兑换携程相关产品和服务。

项目五：金秋享好礼，100%有奖

(1) 博世车联制作微信抽奖页面并提供专用的抽奖二维码。

(2) 每家门店都会拥有专门的代码(即每家门店的客户编号)。

(3) 每位到店客户先扫码，再根据提示输入代码即可参与抽奖。

(4) 抽奖之后将该活动分享到朋友圈后可获得相应礼品。

(5) 抽中的抵用券不可当天使用。

(6) 奖项设置：博世车载空气净化器 1 台、博世玩具 1 套、50 元工时抵用券、免费洗车 1 次、车辆清洁专用压缩毛巾 1 条。

(7) 博世车载空气净化器：加盟商需将中奖者的中奖页面和联系信息给到博世车联总部，由总部直接发送给中奖者。

项目六：到店保养即可获得 Uncle Bob 玩偶 1 个

3. 活动支持

(1) 物料支持

表 4-9 中所列的所有物料将由博世车联统一制作并安排发送。

表 4-9　物料情况

物料支持	21 个工位及以上	15～20 个工位	15 个工位及以下	FF 门店
活动条幅	1	1	1	1
活动海报	2	2	1	1
活动门型展架画面	1	1	1	1
活动宣传单页	200	120	100	80
活动抽奖台卡	1	1	1	1
活动指导手册	2	2	2	1
50 元工时抵用券	200	150	100	80
Uncle Bob 玩偶	120	100	70	50
博世车联维修玩具	4	3	2	2
车辆清洁专用压缩毛巾	250	180	140	100
博世车载空气净化器	13			
出行礼券	1			

(2) 加盟商外展支持

为了进一步鼓励加盟商增加其在当地区域的影响力，对于进行外展活动并满足一定要求的加盟商给予支持，支持内容为博世车联市场物料兑换额度，具体如表 4-10 所示。

表 4-10　加盟商外展支持

门店类型	外展次数	达标奖励
汽车综合修理店	4 次	3 000 元
汽车钣喷店	2 次	1 500 元
快修快保店	1 次	500 元

申请支持要求及流程：

- 活动照片留档：提供活动现场和店内活动物料布置照片；
- 完成活动总结：博世车联将提供 PPT 模板，内容需要包含时间、地点、活动描述以及效果四个部分；
- 活动结束后提交照片和总结给到顾问初步审核；
- 顾问初步审核后给到博世车联总部再次审核；
- 通过审核后 1 个月内，相应市场物料兑换额度将会进入各加盟商账户；
- 入账信息将会由顾问告知各加盟商。

(3) 活动参与度评比

针对加盟商参与及推广活动的积极程度进行统计和评比，对于排名前十加盟商给予相应的奖励支持，以鼓励加盟商进一步在当地推广秋季活动。

- 评比纬度：每家门店中参与抽奖的数量；
- 总数前 3 名，分别奖励博世车载空气净化器 2 台；
- 总数 4～10 名，分别奖励博世车载空气净化器 1 台。

(4) 线上宣传支持

- 总部微信账号活动图文帖发布；
- 活动 H5 页面设计并发布；
- 扫码抽奖页面设计，抽奖规则设定；
- 在微信公众号中上传保养凭证，抽取免单机会；
- 朋友圈转发门店和出游照片赢取出行基金。

4.4　营销活动效果监控

服务营销结果评估的目的是通过对服务营销的全程展开评估，找出服务营销过程中的不足，为今后类似服务营销活动的更好开展积累经验，以求完善。

汽车维修企业每一次的服务营销都要对过程和结果进行评测，了解服务营销的得与失，衡量服务营销是否达到了当初设计的目的、是否符合营销策略。

服务营销的结果评估要从两个层面着手和四个渠道进行。两个层面：客户层面，通过客户调研和客户反馈，了解客户是否满意和认可，是否达到了预设客户需求的满足；门店层面，通过营销数据对比，了解是否达成了企业服务营销目标。四个渠道：服务营销准备工作评估；服务营销执行过程评估；服务营销费用评估；服务营销效果评估。

通过两个层面和四个渠道的分析得出结论，在服务营销总结报告中加以有效记录并存档保存。为了直观呈现，客户的反馈信息和营销数据最好形成图表，如表 4-11 和图 4-14 所示。

表 4-11　成果汇总 1

服务营销活动“折扣购买保养券”成果汇总								
服务营销活动日期	客户邀约数	客户邀约进店数	邀约客户购券比例	购券客户	销售额（元）	预计毛利	预算费用	预计净利
3 月 1 日	100	78	60%	47	14 040			
3 月 2 日	100	75	51%	38	11 475			
3 月 3 日	100	22	36%	8	2 310			
3 月 4 日	100	60	35%	21	6 300			
3 月 5 日	100	15	13%	2	675			
3 月 6 日	100	10	10%	1	300			
3 月 7 日	100	40	40%	16	4 800			
3 月 8 日	100	10	20%	2	600			
3 月 9 日	100	30	30%	9	2 700			
3 月 10 日	100	20	25%	5	1 500			
合计	1 000	360	41%	149	44 700			

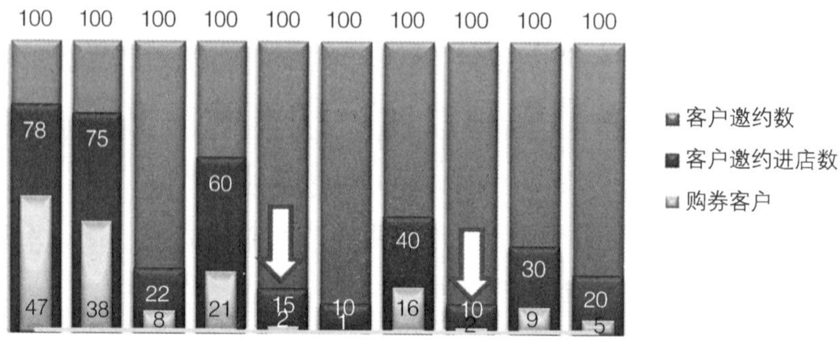

图 4-14　成果汇总 2

由图 4-14 可以直观地发现箭头所指的特殊数据，从而找出服务营销中存在的问题，并在今后的服务营销活动中加以改善。

第 5 章

客户关系管理

5.1 客户关系管理与客户全生命周期概述

5.1.1 客户关系管理概述

客户关系管理(Customer Relationship Management，CRM)是一种商业策略，按照客户的分类情况有效地组织企业资源，培养以客户为中心的经营行为以及实施以客户为中心的业务流程，并以此为手段来提高企业盈利能力、利润及客户满意度。

此定义是 Gartner Group 公司最早提出的，它明确指出了 CRM 是企业的一种商业策略与管理模式，注重企业盈利能力和客户满意度。

5.1.2 客户全生命周期定义

所谓客户全生命周期，是指一个客户对企业而言是有类似生命一样的诞生、成长、成熟、衰老、死亡的过程。具体到不同的行业，对此有不同的详细定义。

在汽车行业，所谓的客户全生命周期，指的就是客户从购买汽车或服务，产生业务消费开始，到后续的维修保养业务的消费成长、消费稳定、消费下降，到最后客户离开的过程。

客户全生命周期是企业产品生命周期的演变，但对商业企业来讲，客户的生命周期比企业某个产品的生命周期重要得多。因为客户可能选择再次购买产品或服务，重新开始新的周期。

5.1.3 客户全生命周期管理

在客户全生命周期，会经历五个发展阶段，分别是客户获取阶段、客户提升阶段、客户成熟阶段、客户衰退阶段和客户终止阶段。

客户处于不同生命周期阶段对维修企业的价值及其需求均有所不同，这也意味着管理与服务方式的不同。对客户的管理与服务重点应基于不同的生命周期阶段。

客户全生命周期不同阶段需关注的问题和应对措施见表 5-1。

表 5-1 全生命周期管理

发展阶段	客户获取	客户提升	客户成熟	客户衰退	客户终止
关注的问题	如何获取更多的客户资源	如何把客户培养成高价值客户	如何提升客单价，如何培养客户忠诚度	如何延长客户生命周期	如何赢回客户
应对措施	发现竞争对手的客户，通过有效渠道提供合适价值定位能够获取的客户	刺激需求的服务项目组合	服务营销，高价值客户的差异化服务	流失客户挽回机制，流失客户挽留措施	高价值客户赢回措施

5.2 客户信息管理

5.2.1 客户信息管理的重要性

客户是企业赖以生存的基础，是企业运营收入的来源。客户信息管理是通过对客户资源的管理，使客户更长久地留在企业。因此客户信息的管理对企业而言十分重要。

- 客户信息管理是企业管理的重要手段；
- 客户信息是企业的重要资源；
- 客户信息是企业的宝贵财富；
- 客户信息是业务运营的指导；
- 客户信息是营销的风向标；
- 客户信息是客户服务管理的基础。

因此，有了健全、准确的客户信息，企业才能有效地开展客户关系管理工作。

5.2.2 客户信息管理流程

客户信息管理工作包含了从客户信息的收集，然后对客户信息按照不同的标准进行分类分析，同时对于客户信息特别是动态信息及时持续地更新维护，最终将客户信息应用在日常服务运营工作和客户服务营销关爱活动中。

1. 客户信息的收集

客户信息的收集是客户信息管理的前提，其需关注的要点见表5-2。

表5-2 客户信息收集

工作内容	执行要点
客户信息收集时机与方式	● 在开展宣传营销活动时，对接触到的潜在客户进行相关信息收集； ● 在客户电话咨询时，收集客户信息； ● 在客户第一次进店时，收集客户信息； ● 在对客户进行回访时，收集、确认客户信息； ● 在客户每次进店时，收集、确认客户信息
客户信息收集标准	客户信息收集工作没有具体的标准，而是要尽可能全面地收集客户相关信息。对于企业而言，客户信息越全面，对于未来企业的应用帮助越大
客户信息收集内容	● 客户信息：包括但不限于客户姓名、性别、联系电话(手机、家庭或办公室座机)、出生日期、身份证号、住址、联系地址、E-mail、QQ、微信、兴趣爱好、职业、家庭成员…… ● 车辆信息：包括但不限于车辆品牌、车系、车型、年款、车辆VIN码、发动机号、牌照号码、行驶证信息、购买日期、行驶里程、车辆用途、保险信息……
客户信息存储方式	所有客户信息收集后都应及时录入店面运营管理系统中的客户信息管理模块，保证数据的准确、安全

2. 客户信息的分类

对客户信息进行分类，是为了便于客户信息的管理及未来更好地对客户信息有效应用。分类的标准有很多，取决于企业对客户信息应用的需求。而店面运营管理系统帮助企业实现了多标准、多维度分类的需求，这样的功能既降低了企业的工作量，提高了工作效率，也使企业的客户信息数据分析管理工作更准确、更全面。

（1）客户信息分类的原则：客户信息分类有很多种标准和方法，但要遵循以下几个原则，见表5-3。

表5-3　客户信息分类原则

原则	概述
实用性	客户信息的分类对企业的服务运营是实用的
差异性	客户信息分类是有差异的，便于根据差异性区分不同的客户类别
稳定性	客户信息分类是稳定的，不会随时发生变化，避免造成数据混乱
可衡量性	客户信息分类是可衡量的，便于对不同类别的客户信息进行分析评估

（2）鉴于企业特殊的业务模式，首要考虑的分类标准应该是先以品牌进行分类，便于管理，有助于日常业务的开展。

（3）从客户关爱及关系维系的角度考虑，也可以按照客户的兴趣爱好进行分类，这样有助于客户关爱活动的开展，例如组织客户篮球比赛、摄影比赛等。

（4）企业应该在此基础上，结合店内的实际情况及需求对客户信息进行分类管理。

3. 客户信息的维护

客户信息除了前面讲到的分类标准之外，按照稳定性还可以分为静态信息和动态信息，见表5-4。

表5-4　客户信息分类

信息分类	描述	举例
静态信息	相对稳定，不会发生变化的信息	车辆VIN码、客户生日等
动态信息	随时可能发生变化的信息	客户联系电话、车辆行驶里程等

客户信息收集完成后，静态信息一般不会发生变化，但动态信息是随时可能变化的。如果客户动态信息发生变化，企业没有第一时间获知并更新，就会影响预约提醒等工作的开展。

因此，客户信息的收集更新维护不是只有一次，要做好客户信息的维护工作，就要特别关注对客户动态信息的收集。企业在每次与客户发生接触时（不论何种方式的接触，例如维修后回访、预约提醒、客户活动等），都要与客户确认动态信息；如有变化，应及时对客户信息在店面运营管理系统中进行更新维护。

4. 客户信息的应用

对客户信息进行管理的目的是为了更好地应用在日常服务运营工作中，并对企业的业务产生正面的影响和促进，从而提升服务业绩和客户满意度。客户信息的应用如图 5-1 所示。

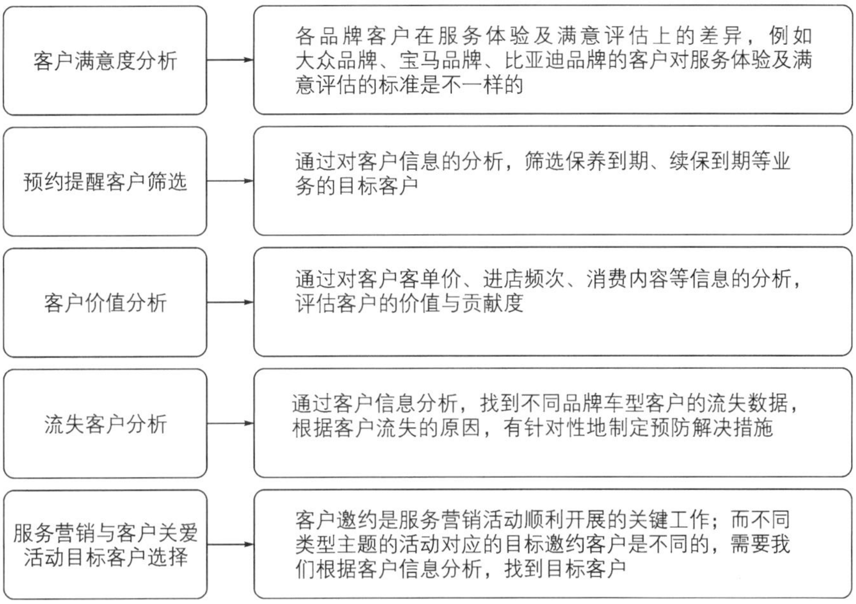

图 5-1　客户信息的应用

5. 案例：客户价值分析

（1）客户价值评估标准见表 5-5。

表 5-5　客户价值评估标准

传统评估标准	新型评估标准
客户给企业带来的收入	客户价值与贡献匹配度
客户购买产品服务的数量和次数	客户潜在价值
客户保有周期长短	客户延伸价值
—	客户关系价值
—	客户社会价值
—	客户全生命周期价值

(2) 客户价值与贡献度细分管理见图 5-2 及表 5-6。

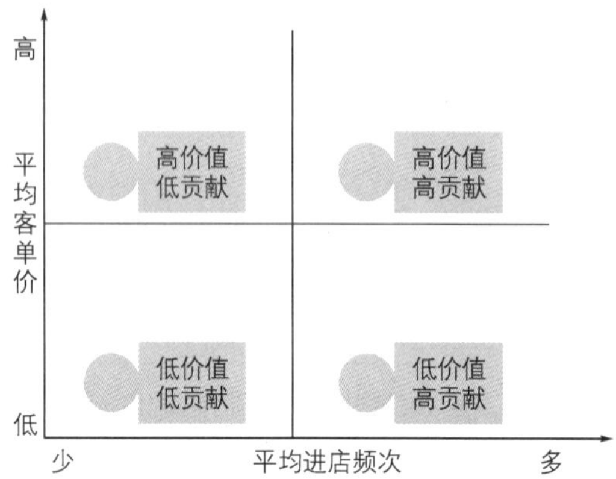

图 5-2　客户价值

表 5-6　客户分类

客户分类	占比	原因分析	应对措施
高价值高贡献		1. 用车频率高； 2. 消费能力强； 3. 对维修企业认可、信赖； ……	1. 战略合作； 2. 培养忠诚度； 3. 专门人员管家式服务； ……
高价值低贡献		1. 用车频率低，来得少； 2. 消费能力强，不在意费用； 3. 保养不到店，更换零件技术要求高的项目回店； ……	1. 创意营销，吸引关注； 2. 针对性活动，增加进店频次； 3. 个性化服务； ……
低价值高贡献		1. 用车频率高，经常进店； 2. 消费能力低，只做机油机滤保养项目； 3. 没有服务套餐，服务销售不好； ……	1. 专项营销，重点突破； 2. 一对一营销服务； 3. 服务组合套餐； ……
低价值低贡献		1. 用车频率低； 2. 车辆故障少； ……	1. 常规跟进，提醒服务； 2. 自助服务； ……

5.3　客户预约提醒管理

在客户关系管理工作中，客户的预约提醒管理是最基础的业务，也是非常重要的一部分。做好客户的预约提醒工作能够使企业的业务保持在一个稳定的水平，同时让企业的维修作业更加有序和更有计划。在客户预约提醒管理中，主要有的工作如图 5-3 所示。

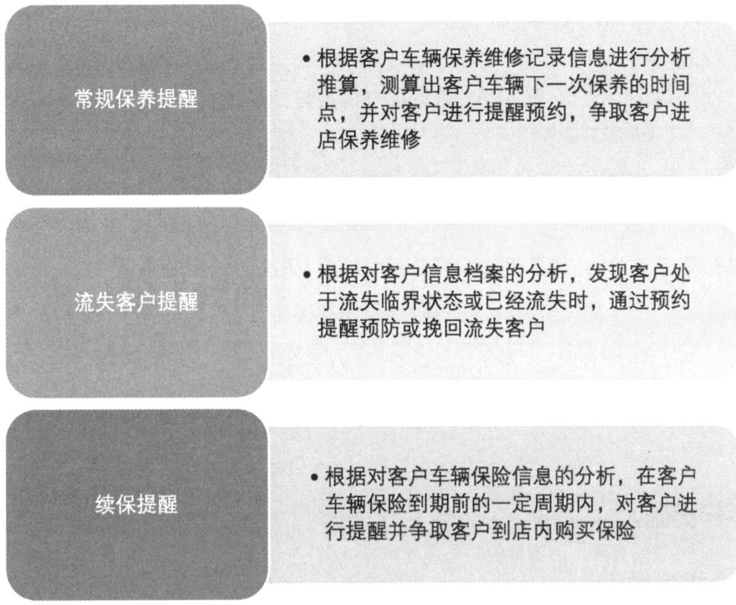

图 5-3　客户预约提醒管理

5.3.1　常规保养提醒

1. 常规保养提醒概述

在店面运营管理系统中，根据系统记录的客户车辆维修保养数据信息，测算客户的用车频率及日均里程。根据测算结果推算客户下一次的保养里程和时间，并按照推算时间，提前一周致电客户，提醒预约客户进店维修保养。

2. 常规保养提醒准备

（1）提醒客户档案的整理。

（2）客户上次保养维修工单。

（3）常规保养提醒预约记录表。

（4）其他相关内容。

3. 常规保养提醒执行要点

（1）对于提醒预约未成功的客户，要根据沟通信息与客户约定新的提醒预约时间点，或重新测算客户的保养时间点，并根据新的时间点再次致电客户提醒预约进店维修保养。

（2）对于常规保养提醒最低不能少于 3 次，如果连续 3 次提醒客户都未成功，才可以将客户计入提醒预约失败客户类别。

（3）对于提醒预约失败的客户，要定期进行汇总分析，找到失败的原因并分类分析，制订相应的针对措施，不断提升客户提醒预约工作水平。

4. 常规保养提醒抗拒与处理应对

常见客户抗拒与处理应对见表 5-7。

表 5-7 常见客户抗拒与处理应对

客户抗拒	处理应对
我车辆未到保养里程	您好！虽然里程未到，但是您车辆的保养时间已经有 6 个月了。即使您车辆行驶得很少，但长时间放置，机油会氧化变质，橡胶件会老化，进气道内会有灰尘影响动力和油耗，同样还是需要对车辆进行保养的
……	……

5.3.2 流失客户提醒

1. 流失客户提醒概述

客户是维修企业服务业务的基础，企业为了获得客户资源投入了大量的成本，而客户能够长期地保留在企业是业务稳定的保障。客户流失给企业带来的损失是显而易见的，所以要做好对流失客户的管理，而流失客户提醒邀约回店就是最基础的工作。

如果客户连续 6 个月没有进店维修保养，则意味着客户已经流失，因此要做好客户流失的预警提醒工作。

2. 流失客户分类

流失客户分类见表 5-8。

表 5-8 流失客户分类

流失客户分类	描述
按品牌车型分类	将所有流失客户按照品牌车型分类，帮助维修企业了解不同品牌车型客户的流失状况
按购车时间分类	将所有流失客户按照购车时间周期分类，帮助维修企业了解客户在哪个时间周期段容易流失
按行驶里程分类	将所有流失客户按照车辆行驶里程分类，帮助维修企业了解客户在多少里程区间容易流失
按客户区域分类	将所有流失客户按照归属区域分类，帮助维修企业了解哪个区域的保有客户流失严重，以便有针对性地开展挽回活动
按客户流向分类	将所有流失客户按照流失流向分类，分析客户流失是流向了其他品牌连锁维修企业，还是回到了 4S 店，或是选择了普通修理店，以帮助维修企业分析存在的问题和不足，从而有效改进提升

3. 客户流失原因分析

客户流失原因分析见表5-9。

表5-9 客户流失原因

流失原因	描述
价格因素	客户因为维修企业价格高或不合理而流失
技术因素	客户因为维修企业技术能力弱、一次修复率低而流失
服务因素	客户因为维修企业服务意识差、服务体验不满意而流失
便捷因素	客户因为维修企业位置偏僻、出入不便、服务不便捷而流失
其他因素	客户因为车辆转卖、用车地点转移、家庭搬迁等因素而流失

4. 流失客户挽回措施方案

流失客户挽回是一项非常困难的工作，因为客户选择离开是经过慎重考虑且有原因的，否则不会轻易离开。正因如此，客户也不是能轻易被挽回的，需要维修企业在流失客户管理中付出大量的工作。

流失客户管理切忌一个模式、一个政策、一个方案，通过前面的分析我们知道，客户流失的原因是不同的。因此，要针对不同的流失原因，制订不同且有针对性的有效措施方案。流失客户挽回案例如图5-4所示。

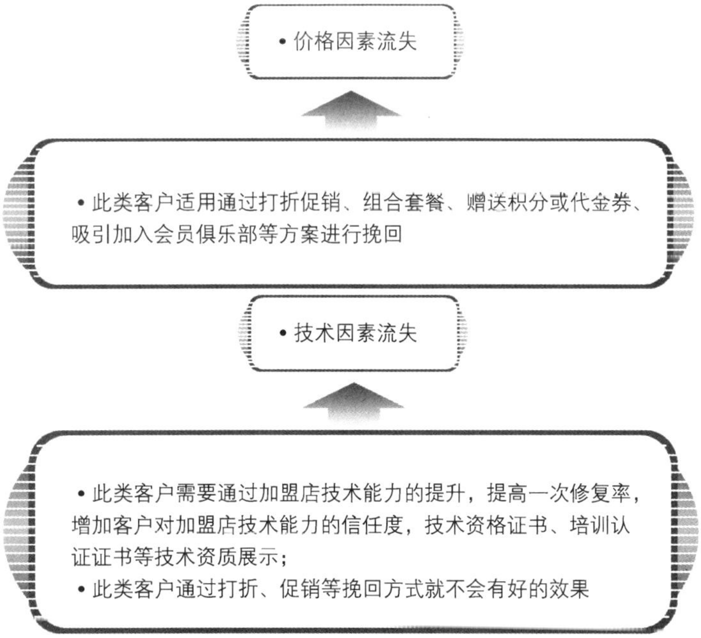

图5-4 流失客户挽回案例

5. 流失客户提醒准备

(1) 流失客户信息档案。

(2) 流失客户挽回政策或活动方案。

(3) 流失客户提醒预约记录表。

(4) 其他相关内容。

6. 流失客户提醒执行要点

(1) 流失客户信息档案的筛选。

(2) 流失原因分析。

(3) 有针对性、有吸引力的措施方案制订。

(4) 整个团队对流失客户的重视。

7. 流失客户管控流程

流失客户管控流程如图 5-5 所示。

图 5-5　流失客户管控流程

5.3.3　续保提醒

1. 续保提醒概述

在维修企业的维修服务业务中，事故车业务占据着重要的位置和绝对的比例。因此，事故车业务的表现将直接影响整个业绩。要保证事故车业务，做好客户车辆保险续保工作是重要的前提和基础。

2. 续保提醒准备

(1) 车辆保险到期客户信息档案。

(2) 客户车辆保险信息资料(承保保险公司、购买险种、保费金额等)。

(3) 客户车辆事故维修记录(客户车辆是否出险、事故业务维修记录、保险赔付比例等)。

(4) 各保险公司保费核算标准及保单等相关表单。

(5) 保险销售优惠促销政策(包括保险公司优惠政策及维修企业优惠政策)。

(6) 续保提醒预约登记表。

3. 续保提醒执行要点

(1) 详尽的客户车辆保险信息。这就要求维修企业在收集录入客户信息档案时,收集信息要尽可能详细、全面、准确。

(2) 在客户保险到期前30～45天对客户进行电话提醒预约。

(3) 及时掌握保险公司费率政策变化。

(4) 了解客户前期保险及出险信息,展现客户关爱的同时为客户提供更多的参考方案。

(5) 详细掌握续保促销政策的内容细节和执行流程。

4. 续保提升措施

(1) 优惠的保险促销政策。

(2) 有竞争力的保费价格。

(3) 贴心的出险服务。

(4) 优质的事故车维修质量。

(5) 快速高效的事故车维修作业。

5.4 客户满意度管理

5.4.1 客户满意度概述

客户满意度也叫客户满意指数,是对服务性行业的客户满意度调查系统的简称,是一个相对的概念,是客户期望值与客户体验的匹配程度。换言之,就是客户通过对一种产品或服务可感知的效果与其期望值相比较后得出的指数。

客户满意度是客户关系管理工作的具体数据体现,直观地反映了客户的满意程度,影响着客户的保有周期,客户满意度低就会直接造成客户的流失。

5.4.2 服务品质概念模式——PZB模式

PZB模式是于1985年由英国剑桥大学的三位教授 Parasuraman, Zeithaml 和 Berry 所提出的服务品质概念模式。其中心概念为顾客是服务品质的决定者,企业要满足顾客的需求,就必须要弥平此模式的五项缺口,才能尽可能减少实际产品和服务与客户期望的质量要求的差距,如图 5-6 所示。

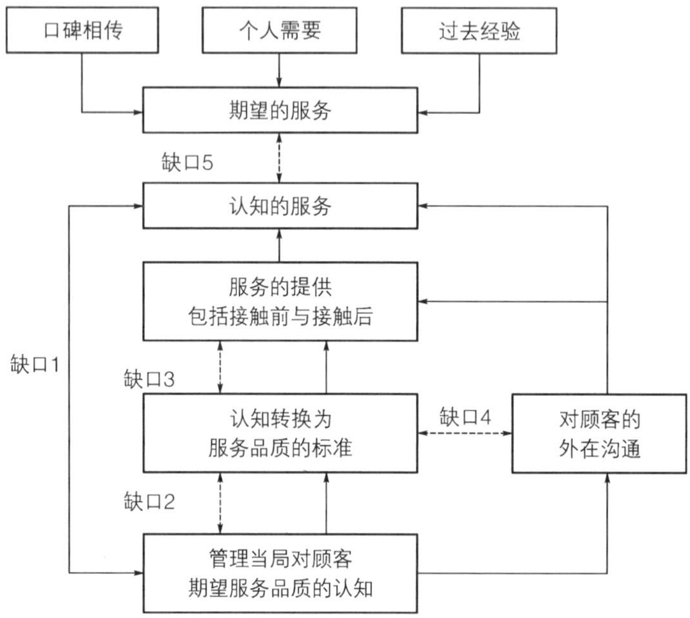

图 5-6　PZB 服务品质模式

缺口 1：顾客期望与经营管理者之间的认知缺口,当企业不了解顾客的期待时,便无法提供让顾客满意的服务。

缺口 2：经营管理者与服务规格之间的缺口,企业可能会受限于资源及市场条件的限制,可能无法达成标准化的服务,而产生品质的管理的缺口。

缺口 3：服务品质规格与服务传达过程的缺口,企业的员工素质或训练无法标准化时或出现异质化,便会影响顾客对服务品质的认知。

缺口 4：服务传达与外部沟通的缺口,例如做过于夸大的广告,造成消费者期望过高,使实际接受服务却不如预期时,会降低其对服务品质的认知。

缺口 5：顾客期望与体验后的服务缺口,是指顾客接受服务后的知觉上的差距,只有这项缺口是由顾客决定缺口大小。

缺口 1 至缺口 4 可由企业透过管理与评量分析去改进其服务品质。

5.4.3　客户满意度管理工具

客户满意度的管理需要工具来落地,这里推荐两个成熟的管理工具,即 NPS 和 CSI。

1. NPS(Net Promoter Score)净推荐值

净推荐值,又称净促进者得分,亦可称口碑。最早是由贝恩咨询公司客户忠诚度业务的创始人弗雷德・赖克哈尔德(Frederick Reichheld)在2003年哈佛大学商务评论《你需要致力于增长的一个数字》的文章中提到,随后在他的著作《终极问题:创造好利润,促进真成长》进行了详细阐述。它是一种计量某个客户将会向其他人推荐某个企业或服务可能性的指数。它是最流行的顾客忠诚度分析指标,专注于顾客口碑如何影响企业成长。

净推荐值首先是作为一个客户满意度衡量指标存在,直接反映了客户对企业的忠诚度。由于该指标的数值来源于现有客户和现有客户扩散的准客户比例,这个比例可以直接反映出企业在客户内心的认可程度和购买意愿,在一定程度上可以看到企业当前和未来一段时间的发展趋势和持续盈利能力,所以NPS在企业业务预测、价值评估和内部考核方面都可以得到很好的应用。

净推荐值的计算来自调查的结果,它会向客户提问,例如是否愿意向朋友及同事推荐该公司(以及如果愿意,为什么)。根据回复,客户被分为"推荐者""被动者"和"贬损者"三类。净推荐值等于推荐者所占的百分比减去贬损者所占的百分比。

净推荐值(NPS)=(推荐者数/总样本数)×100%－贬损者数/总样本数)×100%

确定企业的净推荐值是直截了当的:问客户一个问题——"您是否会愿意将我们企业的产品和服务推荐给您的朋友或者同事?"根据愿意推荐的程度让客户在0～10分之间打分,然后根据得分情况来建立客户忠诚度的3个范畴。

(1)推荐者(得分在9～10分之间):是具有狂热忠诚度的人,他们会继续购买并推荐给其他人。

(2)被动者(得分在7～8分之间):总体满意但并不狂热,将会考虑其他竞争对手的产品和服务。

(3)贬损者(得分在0～6分之间):使用并不满意或者没有忠诚度。

NPS计算公式的逻辑是推荐者会继续购买并且推荐给其他人来加速企业的成长,而贬损者则可能产生负面的评价,对企业的成长不利。

2. CSI(Customer Satisfaction Index)顾客满意指数

CSI是近年来国际上发展起来的质量评价指标。1989年,瑞典首先提出并建立了国家用户满意度指数测评体系,量化地评价客户重购率和品牌忠诚度等指标,获取相关的信息为企业策划提供支持,使企业优化流程,做出最佳的决策。美国质量协会(ASQ)从20世纪90年代开始研究如何评价顾客满意,1994年开始建立一个全国范围、跨行业的总体指数ACSI,每季度在《幸福》杂志上公布一次。

顾客满意指数理论是建立在消费心理学、消费行为学及计量经济学的基础上的质量评价科学指标。它将产品性能、可靠性、价格、所提供的相应服务等因素作为考察对象,与顾客期望相比较,由顾客做出评判。由于顾客满意度将质量的技术性、符合性标准,转变为以顾客对产品和服务的感受和体验来评价质量,所以反映了市场经济的本质特征。

维修企业通过对全体客户的满意度调查来量化评估企业的顾客满意指数(CSI)。围绕主营业务内容和业务流程设计调查问卷,询问客户的感知和反馈意见。问卷应包含封闭式问题和开放式问题。封闭式问题给客户定量的选择其感受和反馈,从"非常不满意"逐级递增到"非常满意",或以1～5分的方式来选择,如果客户不满意或非常不满意,需要客户提供不满意的原因。开放式的问题提供给客户定性的发散性发表意见的空间,可激发客户的思考。

5.4.4 客户满意度管理在服务过程中的实施

客户满意度是客户对维修服务的总体的评价,是在整个服务过程体验完成后的综合的结果。就像"木桶原理"一样,决定客户满意与否,可能是服务环节中最短的那一块板。因此,从概念设计、市场宣传、客户入店体验、客户服务、客户回访,所有的服务过程和环节为了提升客户满意度均需要设计和控制。

5.4.5 客户满意度分析改进

1. 客户满意度成绩分析

应定期召开客户满意度会议,对客户满意度数据进行分析并改善,不断提升客户满意度成绩。

对于客户满意度成绩的分析主要基于满意度因子展开,从两个方面分析:一是满意度成绩低分项因子分析,二是每项满意度因子一定周期内的发展变化趋势。

表5-10是某维修企业客户满意度成绩汇总。

表5-10 客户满意度汇总

	1	2	3	4	5	6	7	8	9	10	11	12	平均
车辆是否一次修复	80	81	82	83	84	85	86	87	88	89	90	91	85.50
服务顾问及时接待并热情为您解决问题	90	89	88	87	86	85	84	83	82	81	80	79	84.50
对服务项目及收费是否解释清楚	85	90	86	91	87	92	84	89	83	88	82	87	87.00
您对时间的满意程度	95	96	98	100	100	100	100	100	100	100	99	98	98.83
您对整体环境的洁净、舒适满意程度	91	88	90	86	91	88	90	86	90	86	88	91	88.75
是否为您使用三件套	92	89	92	87	92	89	92	87	92	87	89	92	90.00
是否向您展示旧件	95	86	93	88	95	86	93	88	93	88	86	95	90.50
客休室舒适程度	96	90	94	89	96	90	94	89	94	89	90	96	92.25
车辆干净程度	94	92	95	90	94	92	95	90	95	90	92	94	92.75
总分	90.89	89.00	90.89	89.00	91.67	89.67	90.89	88.78	90.78	88.67	88.44	91.44	90.01

满意度成绩各因子分数变化趋势分析,如图5-7所示。

在对客户满意度分析时,应关注每项因子成绩在一定周期内的变化趋势。

(1)一次修复率因子的成绩,虽然在12月份时仍然不是很高,但通过这一年的成绩变化可以看到,该维修企业的一次修复率成绩是稳定上升的,说明该维修企业在一次修复率工作中的措施是有效的,只要继续保持下去,一次修复率因子的成绩还会继续提升。

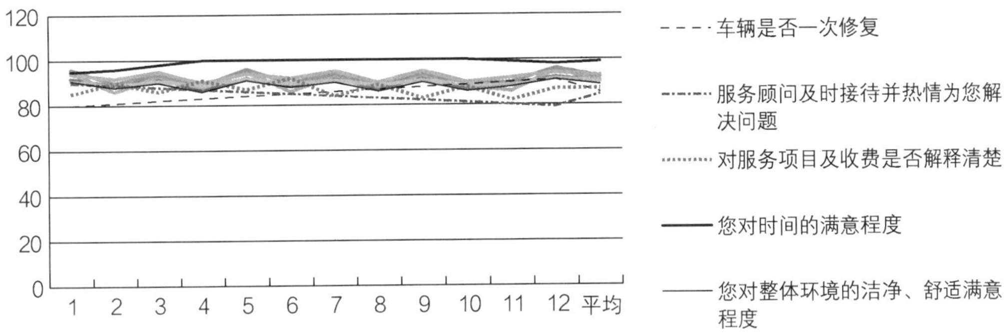

图 5-7 满意度因子变化趋势图

(2) 同样,有的满意度因子虽然成绩显示较高,但是通过发展趋势发现是持续下降的,说明在这项因子相关工作中出现了问题,就需要进行分析并改进。否则,等成绩达到最低点时再去重视就很难挽回了。

2. 客户满意度改进流程(图 5-8)。

图 5-8 客户满意度改进流程

5.5 客户投诉管理

5.5.1 客户投诉的定义

客户投诉是指客户对企业产品质量或服务上的不满意，而提出的书面或口头上的异议、抗议、索赔和要求解决问题等行为。客户投诉是消费者对商家的产品质量问题、服务态度等各方面的原因，向商家主管部门反映情况、检举问题，并要求得到相应的补偿的一种手段。

5.5.2 客户投诉的重要性

处理客户投诉是维修企业重要的日常工作之一。若处理不当，不仅影响企业日常工作，还可能扩大负面效应，进而影响辛苦建立的企业形象。通常，不满意的客户十之八九会把不满意的经历告诉其周围的人，真正会向企业投诉的客户仅仅只是抱怨客户的十分之一。因此，如何妥善处理客户的投诉需引起高度重视。

客户的抱怨是建立在客户对品牌、企业、服务及产品质量信赖的基础上的。若客户的抱怨得到妥善处理，70%以上将会成为企业的忠诚客户。因此，正确看待、客观分析、主动面对投诉客户并通过各种渠道妥善处理客户投诉，能使企业化险为夷，提升企业的形象，赢得更多的忠诚客户。

5.5.3 客户投诉原因分类

客户投诉原因分类见表 5-11。

表 5-11 客户投诉原因分类

质量方面原因	时间方面原因	服务方面原因	价格方面原因	其他方面原因
维修质量	接待时间	服务顾问态度	维修价格	客户体验
产品质量	待料时间	客休室服务	价格透明性	信赖度
零件质量	等候时间	维修技师接触	费用解释	便利性与时效性

5.5.4 客户投诉的来源

客户投诉的渠道是多元的，唯有建立多重渠道的应对窗口及多方面地收集信息才可了解客户的反映，妥善地处理客户的投诉。维修企业接到客户投诉的渠道主要有以下几种：

- 进店客户；
- 服务后三日内电话回访的客户；
- 客户服务中心接到的投诉电话；
- 其他渠道方式的投诉。

5.5.5 投诉客户的期望

在处理客户投诉时，有两个信息是最基础，也是最关键的：一是客户投诉的原因，二是客户投诉的期望。

客户投诉的期望一般有以下几点：

- 心理上：让客户感觉到受欢迎、受重视、被理解；
- 基本期望：把车辆的问题快速、彻底解决好；
- 潜在期望：能有所得，获得一定的补偿。

5.5.6 客户投诉的处理原则与技巧

1. 客户投诉的处理原则

(1) 处理客户投诉第一原则：对待客户的投诉应具备同理心，争取客户的认同与信任；做到先处理心情，再处理事情。

(2) 客户投诉处理：

- 明确投诉所在——事实；
- 同意并中立化——心情；
- 提供解决方案——方法。

2. 客户投诉的处理技巧

- 有礼貌地倾听，向客户表示关注和歉意，不要伤害客户自尊心；
- 向客户询问有启发性的问题，适当给予客户一些补偿；
- 达成解决协议。

5.5.7 客户投诉处理流程单

具体的客户投诉处理流程单如图5-9所示。

<table>
<tr><th>客户姓名</th><th></th><th>联系电话</th><th></th></tr>
<tr><td>抱怨投诉日期</td><td></td><td>抱怨形式</td><td>□ 口头　□ 书面　□ 电话　□ 回访报告</td></tr>
<tr><td>车型</td><td></td><td>车牌号</td><td></td></tr>
<tr><td>工单号</td><td></td><td>服务顾问</td><td></td></tr>
<tr><td>技师</td><td colspan="3"></td></tr>
<tr><td rowspan="7">抱怨原因内容</td><td colspan="2" rowspan="7"></td><td>□ 维修质量</td></tr>
<tr><td>□ 服务态度</td></tr>
<tr><td>□ 价格</td></tr>
<tr><td>□ 交车时间</td></tr>
<tr><td>□ 服务解释</td></tr>
<tr><td>□ 车辆清洁</td></tr>
<tr><td>□ 其他</td></tr>
<tr><td rowspan="4">问题纠正</td><td colspan="2" rowspan="4"></td><td>□ 返修</td></tr>
<tr><td>□ 电话解释</td></tr>
<tr><td>□ 面访</td></tr>
<tr><td>□ 其他解决方案</td></tr>
<tr><td>问题规避措施</td><td colspan="3"></td></tr>
<tr><td>责任人</td><td></td><td>回访日期时间</td><td></td></tr>
<tr><td>客户满意度</td><td></td><td>站长签字</td><td></td></tr>
</table>

图 5-9　客户投诉处理流程单

5.5.8　客户投诉的预防管控

(1) 预防机制建立——客户投诉处理应对小组。

(2) 分级处理责任制。

(3) 完善相关制度。

(4) 员工技术和服务意识的培训。

(5) 工作标准流程的执行。

(6) 日常客户关系的管理和维系。

5.6　客户关系维系

客户关系维系是指在客户保有期间，以车辆维修保养服务为中心，为客户提供的所有关怀活动，从而让客户在放心使用车辆的基础上，体验维修企业为其提供的各种服务，让客户满意，并与客户保持长久良好的关系。

5.6.1　客户关系维系目的

为客户提供良好的服务体验，让客户满意并长久地留住，提高客户对维修企业的贡献度和延长客户生命周期。具体包括以下几个方面：

- 提高客户满意度；
- 降低客户流失率；
- 延长客户生命周期；
- 提高客户单车贡献；
- 挖掘客户潜在价值，带来更多的客户。

5.6.2 客户关系维系渠道与载体平台

1. 客户关系维系渠道

客户关系维系发生在维修企业与客户接触的每个节点，无论哪一名员工以何种方式，只要与客户有联系，就会涉及关系维系。

随着社会经济的快速发展，在如今的互联网时代，新媒体的大量出现改变了人们的生活方式和习惯，这要求维修企业要充分地了解掌握客户的习惯和需求，用客户喜欢的方式与其沟通，通过多渠道、新渠道来维系好客户关系。

客户关系维系渠道见表5-12。

表5-12 客户关系维系渠道

传统客户沟通维系渠道	电话（回访、预约、提醒等）；短信（活动信息、节假日祝福、用车关怀等信息发布）；书信（最传统的沟通方式）；面谈（客户进店时）
新型客户沟通维系渠道	E-mail、QQ、微信、俱乐部、圈子、车主论坛、各种客户关爱活动（用户课堂、摄影培训班、公益活动、联谊酒会等）等所有客户喜欢或习惯的沟通方式，基于客户需求为前提的沟通维系渠道

2. 客户关系维系载体平台

维修企业与客户建立关系的载体是基于汽车，因为客户的车辆有维修保养的需求，同时客户对于车辆维修保养的价格、技术水平、配件等因素也有自己的需求，当维修企业提供的服务和产品与客户需求相匹配时，双方建立了一种服务关系。

这种关系仅仅是建立在以车辆为载体的基础上，也就是说，当客户车辆出现维修保养需求时，客户才会想到维修企业，才会与维修企业发生联系。这种关系是非常脆弱的，因为双方之间只有车辆这一个单一的载体，一旦这个载体消失了（客户车辆转卖、换车、报废等），双方的关系也就随之消失；或者当其他竞争对手也能满足客户的需求，并提供更优惠的价格、更优质的服务，客户就会流失。

因此，要建立牢固的客户关系，应该创造更多的关系载体和平台，如图5-10所示。

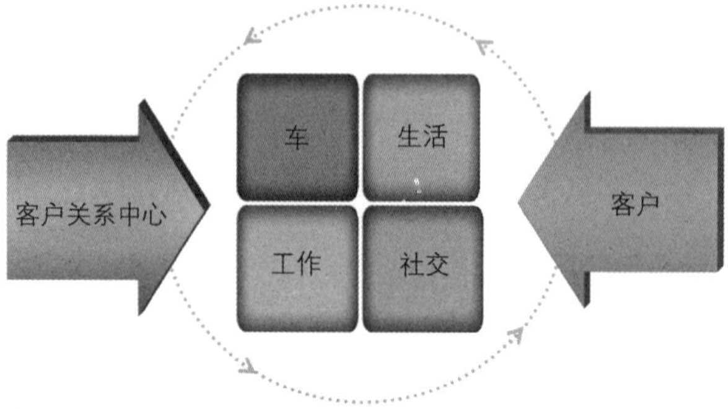

图 5-10　载体平台

5.6.3 客户关系维系方式

客户关系维系的方式有很多，特别是在当今社会中，互联网新媒体的发展，人们生活方式的变化，市场竞争的加剧，都给客户关系维系工作带来巨大的变化和很多的机遇；但同时客户习惯和需求的不断提升也给客户关系维系工作带来诸多挑战。

客户关系维系工作的关键在于维修企业的业务团队统一思想，真诚用心地去做，而不在于具体的形式上。

常见的客户关系维系方式见表 5-13。

表 5-13　客户关系维系方式

客户关系维系类型	内容
常规沟通维系	客户满意度回访、客户保养维修提醒预约、客户车辆保险到期提醒、节假日问候祝福、特殊天气提醒、车辆违章查询提醒、车辆年检到期提醒……
服务营销维系	季节性免检、打折回馈、消费积分、代金券赠送、免费洗车……
客户关爱维系	客户生日个性化创新祝福、工作生活技能培训班（摄影、Office 软件、网店）、公益活动、用户课堂、主题活动（摄影、骑行、健身、郊游、高尔夫）、创意活动……

5.7 客户关系管理相关 KPI 指标

1. 客户保有量（表 5-14）

表 5-14　客户保有量

定义	客户保有量是指维修企业建立有客户信息档案的客户总数量
分析与管控	客户保有量是维修企业的关键资源，反映了该企业在当地市场的渗透率和市场占有率

2. 保有有效客户数(表5-15)

表5-15　保有有效客户数

定义	保有有效客户数是指保有客户中在近一年周期内有进店保养维修记录的客户数量
公式	保有有效客户 = 保有客户 - 流失客户
分析与管控	保有有效客户是进店台次的保障，有效客户的多少会对维修企业业务有着关键的影响

3. 客户回访率(表5-16)

表5-16　客户回访率

定义	客户回访率是指一定周期内，进店维修客户离开后一周内接到维修企业人员回访电话的客户数量与周期内所有进店维修客户数量的比值
公式	客户回访率 = 电话回访客户数量/需要回访的总客户数量×100%
分析与管控	回访率低说明该维修企业不重视客户回访工作，或者人员配置不合理，不能保证工作的开展； 客户回访率没有保证，就无法获取客户的意见和建议，从而发现问题并改进，严重的还会影响客户满意度，造成客户流失

4. 客户回访成功率(表5-17)

表5-17　客户回访成功率

定义	客户回访成功率是指成功回访的客户数量与总回访数量的比率
公式	客户回访成功率 = 成功接受回访的客户数量/回访客户总数量×100%
分析与管控	客户回访成功率指标反映了回访人员的工作质量； 帮助维修企业对回访未成功客户的原因进行分析

5. 客户信息准确率(表5-18)

表5-18　客户信息准确率

定义	客户信息准确率是指信息核实准确的客户数量占所有信息核实客户数量的比例
公式	客户信息准确率 = 信息核实准确的客户数量/核实客户总数量×100%
分析与管控	只有客户信息是准确的，维修企业才能开展预约、提醒工作，才能邀约客户参加各种活动，才能对客户进行关爱 每个岗位人员每次与客户接触沟通的工作中，都应该核实客户的信息并更新

6. 客户预约率(表 5-19)

表 5-19 客户预约率

定义	客户预约率是指周期内预约客户占周期内进店客户的比例
公式	预约率 = 周期内预约客户数量/周期内进店客户数量×100% 预约成功率 = 周期内预约成功进店客户数量/周期内预约客户数量×100% 预约进店率 = 周期内预约成功进店客户数量/周期内进店客户数量×100%
分析与管控	预约工作有助于维修企业更加合理的安排工作; 预约成功率反映了维修企业预约工作执行人员的工作质量; 预约进店率反映了维修企业预约工作的整体水平

7. 客户提醒率(表 5-20)

表 5-20 客户提醒率

定义	客户提醒率是指提醒客户的数量占应提醒客户数量的比例
公式	客户提醒率 = 已提醒客户的数量/应提醒客户的数量×100%
分析与管控	应及时提醒客户,能够让客户及时进店对车辆进行保养维修,确保了客户的利益,避免客户的疏漏,同时也能防止客户的流失; 客户保养维修规律的推算及客户信息的筛选通过店面运营管理系统能够直接实现

8. 客户提醒成功率(表 5-21)

表 5-21 客户提醒成功率

定义	客户提醒成功率是指对客户提醒后按时进店的客户数量占提醒客户总量的比例
公式	客户提醒成功率 = 成功提醒进店客户数量/提醒客户总数量×100%
分析与管控	客户提醒成功率反映了对客户保养维修规律推算的准确性; 客户提醒成功率反映了工作执行人员的工作质量

9. 客户流失率(表 5-22)

表 5-22 客户流失率

定义	客户流失率是指流失客户占保有客户的比例
公式	客户流失率 = 周期内流失客户数量/周期内客户保有量×100%
分析与管控	客户流失率反映了维修企业对客户资源的管理水平和能力,指标过高,说明维修企业的客户关系管理工作存在问题; 对于维修企业来讲,可以把保有客户信息档案按照品牌分类,分别统计分析不同品牌客户的流失率指标

10. 客户满意度(表5-23)

表5-23　客户满意度

定义	客户满意度是指客户在进店接受服务后的总体满意程度
公式	客户满意度＝客户回访中满意的客户数量/客户回访的总数量
分析与管控	客户满意度指标反映了维修企业的整体服务运营状况、客户服务的质量； 客户满意度高会使客户变成忠诚客户，提高客单价，带来更多的客户； 客户满意度低会造成客户的流失

11. 续保率(表5-24)

表5-24　续保率

定义	续保率是指在维修企业保有客户中，在一定周期内车辆保险到期的客户中，从该维修企业购买车辆保险的客户比例
公式	续保率＝周期内保有客户中保险到期并购买保险客户数量/周期内保有客户中保险到期客户数量×100%
分析与管控	续保工作会对维修企业的钣喷业务带来很大的影响。续保率越高，说明该维修企业对客户的关注和重视

12. 会员覆盖率(表5-25)

表5-25　会员覆盖率

定义	会员覆盖率是指在维修企业的保有客户中，会员客户所占的比例
公式	会员覆盖率＝会员客户数量/客户保有量×100%
分析与管控	会员覆盖率反映了维修企业会员俱乐部的运作状况； 会员覆盖率的高低会影响到客户的忠诚度和客户流失

第 6 章

核心服务流程

6.1 服务流程概述

6.1.1 服务流程的定义

服务流程是指企业内部发生的某项业务从起始到完成，由多个部门、多个岗位、经多个环节协调及顺序工作共同完成的完整过程。简单地讲，服务流程就是一组输入转化为输出的过程。

6.1.2 执行服务流程的意义

- 对客户的意义：满足客户的需求，不断提升客户满意度，让客户拥有一个完美的服务体验。
- 对企业的意义：提升企业的运营效率，建立客户满意标准并确保实施，从而促进售后的来店台次及新车销量。
- 对一线服务人员的意义：工作执行标准的细化和明确。
- 对品牌的意义：塑造规范一致、体现品牌差异化的运营体系，良好的售后服务体验能提高车主对汽车维修企业品牌的忠诚度，售后服务口碑更有利于潜在客户作出购买决策。

6.1.3 核心服务流程介绍

参照标准服务流程，汽车维修企业核心服务流程包含的步骤如图 6-1 所示。

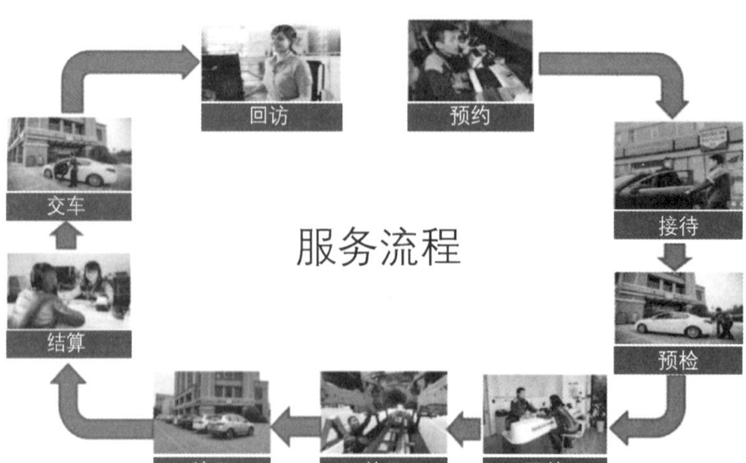

图 6-1 服务流程

1. 预约

1）预约的定义

根据汽车维修企业自身的维修能力(人员和设备等)以及客户对维修内容要求、约定的完工时间,合理地分配维修工作,称之为预约。

2）预约的重要性与好处

(1) 预约的重要性

- 预约是核心服务流程中的第一个重要环节,预约服务是汽车维修服务发展的一大趋势,对于提高汽车维修企业的快速服务水平和客户满意度将起到重要作用;
- 基于预约工作的重要性,汽车维修企业在组织架构中应设立客户服务中心部门,负责预约工作的开展。

(2) 预约的好处

- 对于客户:合理选择进店时机并缩短非维修等待时间,及时处理车辆问题并获得更充分的检测和服务;
- 对于汽车维修企业:合理规划店内维修工作,避免客户集中进店,保证接待时间,保证配件供应,提高客户满意度。

3）预约执行标准与流程

预约根据实施的主体不同,分为主动预约和被动预约。

(1) 主动预约

主动预约是指汽车维修企业通过店面运营管理系统(Workshop Management System,WMS)进行客户信息数据分析,预先了解客户的信息动态,主动提醒邀约客户来店进行维修活动。主动预约时,提前做好准备工作是非常必要且关键的,而切实按照预约安排提供承诺的预约服务则是决定要素。

① 主动预约业务内容

- 保养维修提醒预约;
- 客户保险到期提醒;
- 配件到货提醒;
- 服务营销活动邀约等。

② 主动预约前准备

- 预约客户信息档案的筛选整理——预约客户信息表;
- 预约信息记录表(或系统操作界面);
- 计算器、纸笔等办公用品。

③ 主动预约流程

以客户常规维修保养提醒预约为例,如图 6-2 所示。

④ 执行要点

- 确认客户联系信息,包括车辆品牌、车型、排量、年款、行驶里程等,如有变化,应及

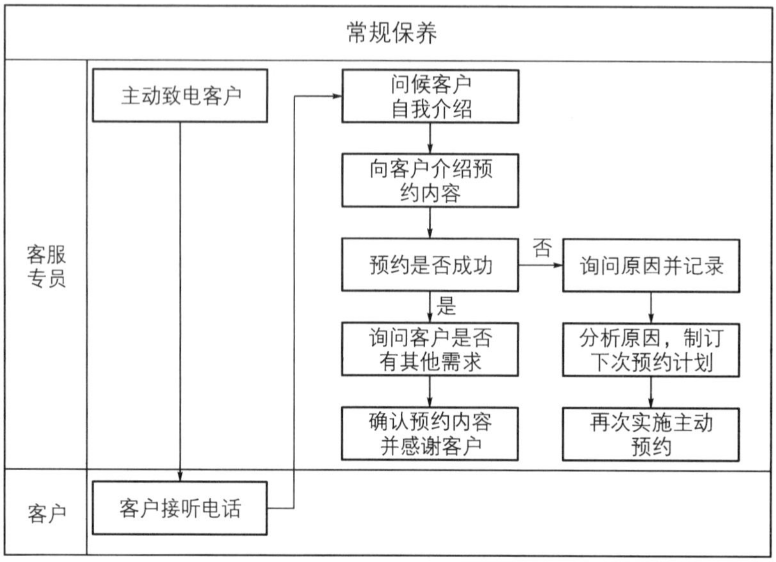

图 6-2　主动预约流程

时在系统中更新；

- 确认预约维修保养的具体项目内容；
- 询问是否有指定的服务顾问或技师；
- 推荐有利的作业时间段给客户；
- 将预约信息传递给前台、车间、配件库房、财务等相关业务部门；
- 由服务顾问负责对预约客户提前一天再次确认；
- 预约只针对固定维修保养项目，疑难故障不做预约；
- 预约看板登记：在前台显目处摆放“预约管理看板”。

（2）被动预约

被动预约是指客户根据自己的需要，主动通过电话或到现场联系汽车维修企业门店，进行预先的维修约定。

① 被动预约业务内容

- 保养维修咨询；
- 配件订货到货咨询；
- 活动咨询；
- 车辆故障反映与咨询；
- 救援等。

② 被动预约准备

- 预约信息记录表（或系统操作界面）；
- 计算器、纸笔等办公用品。

③ 被动预约流程

以常规保养维修预约为例，如图6-3所示。

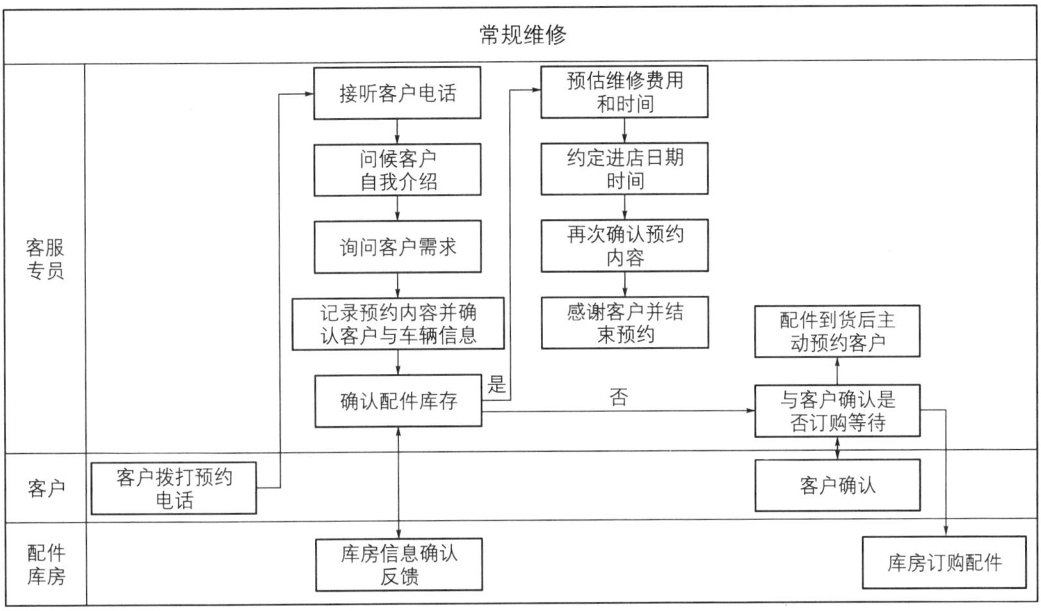

图6-3　被动预约流程

④ 执行要点

- 查询客户是否是保有客户[是，与客户确认联系电话、行驶里程等动态信息是否变化，如有变化应在店面运营管理系统中更新；否，询问客户相关信息并快速建立客户档案]；
- 详细准确记录客户故障描述或预约需求等信息；
- 确认配件库存与车间产能及技术能力是否支持预约；
- 将预约信息传递给前台、车间、配件、财务等相关业务部门；
- 由服务顾问负责对预约客户提前一天再次确认；
- 预约只针对固定维修保养项目，疑难故障不做预约；
- 预约看板登记：在前台显目处摆放“预约管理看板”。

4）预约渠道的变化

随着网络新媒体的发展，客户在通信设备和沟通模式上发生了很大的变化，这直接导致客户生活习惯的转变，很多客户开始通过网络、电邮、微信、QQ等渠道与汽车维修企业进行联系沟通，包括预约工作的开展。

5）预约的总体原则

（1）汽车维修企业应根据店内的作业容量受理预约。

（2）由客户专员负责预约相关事宜。

(3) 企业应设置预约电话，并公开、公告。

(4) 预约客户数量，在考虑未预约客户余量的前提下由企业自行决定。

(5) 预约应至少提前 24 小时，以便提前准备配件与产能，更好地为客户服务。

(6) 汽车维修企业应建立对预约客户进行管理的流程：

- 通过计算机系统中对预约信息的提示，各业务部门应及时进行有关预约事项的准备；
- 由该客户所属的服务顾问来负责各业务部门之间的预约业务相关事宜准备情况的确认(包括车间、配件)；
- 在车间，对预约客户的车辆实行目视化管理，使用相应色彩的维修编号牌和钥匙牌，并与其他车辆按不同的工作区域进行管理。

6) 促进预约的方法

(1) 视觉方面

① 在前台接待处设立预约窗口，接待已预约客户。

② 把当日预约客户的名单写在欢迎板上，让客户有被重视的感觉。

③ 在客户接待区和客户休息室放置告示牌，提醒客户预约。

④ 对预约的车辆安装标识。

⑤ 在员工名片上印制预约热线。

⑥ 给预约成功的客户赠送小礼品或工时费打折。

(2) 引导方面

① 跟踪回访客户时，宣传预约业务，让更多的客户了解预约的好处。

② 向未经预约直接入厂的客户宣传预约的好处，增加预约维修量。

③ 预约客户优惠(如赠送礼品、折扣)。

④ 预约的客户优先服务，并且保证按时交车。

⑤ 在店内醒目位置悬挂预约宣传海报。

⑥ 使用温馨短信、海报、宣传单等宣传预约。

2. 接待

1) 接待的目的

(1) 客户接待环节是服务顾问良好形象的展示，可以给客户留下美好的第一印象。

(2) 在客户接待环节需要向客户问询来店目的和需求。

(3) 通过接待工作可以保证前台工作持续有序进行，提高服务质量，提升客户满意度。

2) 工作要求

(1) 门前区域有清晰的标识引导，便于客户进入。

(2) 服务顾问应统一着装，佩戴工作胸牌。

(3) 服务顾问执行值班制度，确保人员在岗，及时接待每一位进店客户。

3）执行内容

（1）客户进店时，服务顾问应第一时间上前迎接客户并引导客户将车辆停在预检工位。

（2）主动为客户打开车门，提醒客户车辆熄火停好车。

（3）问候客户并自我介绍。

（4）简要询问客户进店的明确需求，如“您本次进店，是做常规保养还是有其他问题”。

4）客户识别

在客户接待过程中，要向客户确认客户及车辆相关信息，在确认信息时有以下两种情况：

（1）预约进店客户

- 对于预约进店客户，服务顾问只需在店面运营管理系统中调出预约单，并请客户出示行驶证（是否需要出示身份证和驾驶证因地而异），根据预约单中信息与客户做进一步核对确认；
- 如果客户或车辆信息有变化，应第一时间在店面运营管理系统更新相关信息；
- 如果证照和预检信息有差异，以实际预检信息为准；
- 要与客户确认来店渠道信息，同时询问结账方式、保险信息；
- 注意车主与送修人的差异；
- 要对预约条件进行确认，从店面运营管理系统调出预约单，完善客户和车辆档案，预约单转变成服务委托书。

（2）常规进店客户

对于常规进店客户，首先要在店面运营管理系统客户信息档案管理中查询是否是已建立客户信息档案的保有客户，还是新进店客户。

- 保有客户：根据系统中客户档案信息，请客户出示行驶证，进行信息的核对确认，如果客户车辆信息有变化，应第一时间在店面运营管理系统客户信息档案中进行更新维护。如果证照和预检信息有差异，以实际预检信息为准。
- 新进店客户：如果是新进店客户，请客户出示行驶证（是否需要出示身份证和驾驶证因地而异）作为登记凭证，服务顾问在店面运营管理系统中输入车主姓名、身份证号、联系方式、职业，以及车辆的车牌号码、发动机号、VIN码等信息，建立客户信息档案。

3. 预检

1）预检的定义与目的

（1）预检的定义

预检是指服务顾问对进店客户车辆在维修作业前进行的预先检查。

（2）预检的目的

预检是为了与客户进行财产的确认，维修方案的确认，明确业务分流。

2）工作准备

（1）办公用品：笔、纸、接待单等。

（2）部门信息准备：车间人员到岗情况、常用配件情况。

（3）服务顾问应该在每日下班前查看店面运营管理系统，并提前准备次日预约客户的“汽车维修企业客户接待单”，填写接待单上的客户信息，如车牌号、车型、电话、预约故障、预计到店时间等信息。每日上班晨会前，应该再次在店面运营管理系统中查看是否有新的预约车辆，如有新增的预约车辆，应及时准备好预约车辆的接待单。

3）预检内容

（1）环车检查

环车检查客户车辆时，应遵循从左到右、由上而下的顺序认真仔细地进行。

（2）互动问诊

- 问诊内容：服务顾问认真倾听客户需求及对车辆问题故障的描述，对于一些车辆问题服务顾问应该和客户一起感受故障现象（如车辆抖动、空调不制冷等），服务顾问在接待单认真记录客户车辆故障问题信息，最终与客户确认车辆故障信息，服务顾问根据问诊内容进行业务分流。
- 注意事项：服务顾问要熟悉了解客户及车辆的相关历史信息，听不清楚客户说话时要礼貌地要求重复，故障描述应忠实于客户的意愿，将客户报修的故障准确表达在接待单上，多用一些提问的方式获得更多的故障描述信息，问诊时间最好控制在5分钟以内。

（3）业务分流

- 服务顾问与客户确认需求，维修项目固定明确，则请客户在接待单上签字确认，并开立工单签订委托书，进入车间维修作业。
- 如果故障不确定，则进入车间诊断作业：将车钥匙和接待单转交车间主任，说明客户的故障描述及业务需求，由车间技师进一步进行判断；车间主任随即将车辆移到检测工位，指定一名技师进行故障判断，需要路试诊断的，按照工作流程办理车辆路试手续，进行车辆路试；如果问题无法及时判断，服务顾问应及时和车间技师沟通，确认车辆故障的最新检测情况，并及时向客户反馈最新的检测进度，直到诊断完成；车间技师应将检测内容完整的填写到接待单中，并注明维修项目及所需更换的配件，车间技师应将填写完成的接待单送至接待前台，向服务顾问和客户详尽地解释故障的内容和需要更换的配件、预计完工时间、预估价格等，服务顾问应请客户在接待单上签字确认。
- 如果本汽车维修企业的技术力量暂时无法判断车辆问题：应及时告知客户，并提出相应的解决方案，在车辆采取其他解决方案之前，服务顾问应请客户在接待单上签字确认；企业对于无法判断的车辆问题，应通过厂家技术服务热线或App来寻求技术支持。

4. 开单

1）目的

工单是对双方约定维修服务内容的明确，从某种角度来讲工单是汽车维修企业与客户签订的“合同”，是具有法律效力的，是对双方权益的保障，因此工单的开具非常重要，要确保信息的准确和签字等相关流程的执行。服务顾问在开单环节还应该与客户再次进行财产确认。

2）工作内容

在本环节主要工作内容有：

（1）与客户确认维修项目、价格及时间。

（2）为客户开立工单，并请客户签字确认。

（3）将工单转移到车间进行派工。

（4）引导客户离开或在客休室等待。

3）执行内容

（1）确认维修项目、价格及时间（表6-1）。

表6-1　维修项目信息

确认维修项目、价格及时间	工单填制与确认： ● 当客户确认维修内容后，服务顾问应对工单进行更新，把相应的维修项目、配件价格、维修工时及预交车时间等信息填写完整； ● 服务顾问再次向客户复述并确认工单相关信息
	配件状态： ● 如果在系统中发现缺件，但配件能够在客户许可的时间内送达，则需要在报价单中注明配件名称、配件价格或预期销售价格，并明确地告知客户需要等待的大致时间； ● 如果缺件为关键维修配件，且该配件不能在客户许可的时间内送达，则建议客户重新预约时间到店维修，或建议客户将车辆放置到维修站，待配件到货维修完成后请客户到店提车
	服务顾问还需要在工单中与客户确认： ● 客户可接受的回访时间； ● 工单类型（普通维修和返修）； ● 维修类型； ● 进店渠道； ● 旧件处理方式； ● 维护促销价或折扣价格； ● 是否需要洗车
	信息输入完毕后，服务顾问打印报价单并请客户签字
	注意事项： ● 对于客户不同意的维修方案及内容也需要客户签字，并录入系统报价单中，方便结算时及下次预约时提醒客户； ● 服务顾问将签字后的报价单按照相应标识，分别将施工联夹在书写夹板上交给车间主任，客户联交给客户保存，留存联保留在前台

(2) 开立工单(表 6-2)。

表 6-2　开立工单

<table>
<tr><td rowspan="4">开立工单</td><td>套餐服务：对于客户需求明确且预检确认的项目，可使用企业设定的套餐服务，服务顾问应该向客户推荐套餐服务，经客户同意，直接开立报价单</td></tr>
<tr><td>问题明确的常规项目：
如果客户需求的项目清晰明确但不适合套餐服务，服务顾问对项目已预检确认，则直接在店面运营管理系统中开立报价单。报价单中应该给客户列明以下事项：
● 维修的具体项目；
● 维修的配件及价格；
● 维修的工时；
● 预计的开工及完工时间；
● 免费项目或折扣；
● 客户签字确认并将车辆钥匙转移给服务顾问；
● 确认客户是否在店等待或离店</td></tr>
<tr><td>问题不明确的项目：
● 遇到疑难故障，服务顾问应及时寻求技术总监的援助，由技术总监诊断确认故障及维修内容；
● 故障确诊后，再经客户同意，将维修项目、配件信息、工时信息等录入报价单</td></tr>
<tr><td>注意事项：
● 在整个开单过程中，服务顾问需和客户进行详细的沟通互动，确保客户了解其维修的项目、配件的价格以及工时的价格；
● 门店应制订折扣政策，包括常规项目的折扣政策及重点客户的折扣政策等；
● 预计完工时间核定标准：对于不熟悉的车型或疑难杂症，尽量不要保证等候的具体时间，工单开工时间和完工时间要特别标注</td></tr>
</table>

(3) 工单转移(表 6-3)。

表 6-3　工单转移

<table>
<tr><td>工单转移</td><td>● 服务顾问将“维修企业服务目录”夹在书写夹板上，置于接待单和报价单的下面；
● 服务顾问在工单中对预计竣工时间做特殊标注提醒；
● 服务顾问将车钥匙、接待单和报价单随车一起交给车间主任；
● 服务顾问向车间主任或负责维修的技师说明车辆故障与维修项目，并强调客户需求</td></tr>
</table>

(4) 客户引导(表 6-4)。

表 6-4　客户引导

<table>
<tr><td rowspan="3">客户引导</td><td>服务顾问在完成车辆交接后，第一时间了解客户去向</td></tr>
<tr><td>客户在店等待：
● 引导客户进入客户休息室休息；
● 如有客休室专员，服务顾问应介绍客户给客休室专员，并将客户交接给客休室专员</td></tr>
<tr><td>客户离店：
● 如果客户选择离店，则应为客户提供相应的信息服务，如为客户招揽出租车或告知客户方便的地铁、公交路线等；
● 告知客户门店的营业时间</td></tr>
</table>

5. 施工

施工是指按照固定的维修方案进行操作作业。

1）了解维修类型与工单类型

（1）维修类型

① 检测：通过技术设备对车辆技术状况及故障进行检查。

② 快保：预防保护性维修，使车辆保持正常状态。

③ 机修：诊断修复性维修，使车辆恢复正常状态。

④ 钣金：事故碰撞车辆的维修，使车辆恢复正常状态。

⑤ 喷漆：车辆车身漆面损坏维修，恢复车辆漆面外观。

⑥ 美容：车辆保新，包括汽车美容、清洗、装饰及改装等。

⑦ 轮胎：对轮胎进行四轮定位作业。

（2）工单类型

① 常规工单：为正常进店进行车辆保养维修业务客户开具的工单。

② 返工工单：在车辆维修结束客户离店后，车辆使用中发现同样故障再次出现，返厂进行维修开具的工单。

2）维修派工

（1）车间主任派工。

（2）维修领料。

（3）查找/选择零配件。

（4）分配领用人。

（5）过账操作。

（6）打印发料单。

3）维修施工

（1）增项管理。

（2）其他事项：

- 应在车间设立维修作业管控看板，正确反映维修车间内车辆维修进度情况，并根据实际情况进行调整，适时进行更新。
- 对于返修车辆，车间主管应分析返修原因，区分处理。属于配件质量、维修质量或工作态度等原因的返修，应派工给原维修班组技师维修；属于技术能力、专业水平等原因的返修，应派工给更高水平的技师维修。
- 在车辆施工过程中，必须在工位内才能进行维修检测作业，所有零件、维修工具均不得落地。
- 维修技师作业规范要求。

（3）车间主管：

- 车间主管应每天对在修或留店车辆的维修状况及时通知服务顾问。

➢ 维修进度改变时，车间主管应及时通知服务顾问，以便告诉客户，并同时调整维修作业管控看板。

➢ 当维修内容需改变而影响客户的维修费用或交车时间时，车间主管应及时同服务顾问商量，并告知客户取得客户确认。

➢ 车间主管应对在修车辆进行过程监控。

（4）服务顾问：

➢ 应及时了解车辆修理的状况，便于适时向客户通报车辆维修的进度或回答客户询问。

➢ 当维修进度、维修内容和维修时间改变时，服务顾问须及时将信息反馈给客户，并与客户沟通维修增项的必要性，同时必须向客户说明更改后的维修项目、时间、费用、交车时间。在征得客户同意后反馈给车间主管以实施新的维修方案。

6. 竣工

本环节是为了确保车辆的维修作业质量，保证一次性修复，将完好的车辆交付给客户。

1）**车辆竣工自检、互检**（表 6-5）

表 6-5　车辆竣工自检、互检

竣工自检技师负责	● 根据修理作业项目内容逐项进行检查。 ● 对于客户要求的内容检查是否全部完成。 ● 确保车辆技术数据符合标准。 ● 检查拆装盒子里是否有残留物。 ● 如检查发现问题，影响到车辆的结算费用或交付时间，应立即向车间主管或服务顾问反馈，并采取处理措施。 ● 检查合格后在工单签字确认，在车间计时器打钟并在系统“完工”，更新车间管控看板。 ● 根据工单信息： ◇ 如果旧件客户带走或需要展示，技师做简单清洁并确认无油污后，用专用配件袋装好，放置在前排乘客座椅脚踏板处； ◇ 如果旧件客户不带走也不需展示，技师交付库房管理人员。 ● 将工单与钥匙交给质检人员
竣工自检技师负责	注意事项： 将客户车辆的电台、时钟、空调及座椅复位
竣工互检技师负责	相邻两个员工，互相检查完工车辆施工内容完成质量

2）**终检**（表6-6）

表6-6 终检

<table>
<tr><td rowspan="2">终检
质检员
负责</td><td>● 维修技师将自检完毕的车辆和工单交给质检员；
● 质检员按照工单项目进行检查，查看客户报修的故障已经完全排除，必要的时候试驾测试；
● 质检员对维修项目检查合格后，在工单上签字确认，并将系统中工单的状态确认为质检通过状态；
● 如果质检不合格，需要重新维修，将工单车辆返回维修技师，并告知维修技师检查问题，由维修技师再次进行检查修理，并在派工单上进行返修记录</td></tr>
<tr><td>注意事项：
● 二级检验制度需要质检员或车间主任质检，双方只要有一人检验通过即可确认完成质检。在派工单上，质检员和车间主任可在各自的签字处签字确认。如果没有质检员或车间主任的签字，服务顾问可以拒绝内部交车。
● 终检签字，则意味着责任承担由施工技师转移到质检员</td></tr>
</table>

3）**车辆清洁**（表6-7）

表6-7 车辆清洁

<table>
<tr><td rowspan="2">车辆
清洁</td><td>● 客户要求洗车服务，应由质检员在质检合格后，将车辆开至洗车工位，通知洗车工进行车辆清洗；
● 质检员将车辆钥匙交接给洗车工，完成车辆财产转移；
● 洗车完成后，洗车工应在工单签字确认；
● 洗车工将清洁完毕的车辆停放在交车区；
● 洗车工将车辆钥匙交回质检员，完成交接</td></tr>
<tr><td>注意事项：特别注意车辆中的一些卫生死角</td></tr>
</table>

4）**内部交车**（表6-8）

表6-8 内部交车

<table>
<tr><td rowspan="2">内部
交车</td><td>● 质检员将钥匙、单据夹交付服务顾问；
● 服务顾问确认工单上的所有维修保养项目都已完成，并由相关人员签字确认；
● 服务顾问到交车区，确认车辆更换的旧件是否按客户要求摆放好，车辆内外清洁度，确认车内不遗留工具、配件等；
● 涉及检测诊断设备的维修单据，要提供检测报告，并提供专业多项检查表</td></tr>
<tr><td>注意事项：
● “五件套”不要拆下；
● 检查收音机频道、空调温度风量、座椅位置，并核对时钟；
● 在交车区，车辆停放车头朝外，方便客户离开</td></tr>
</table>

5）**客户验收**（表 6-9）

表 6-9　客户验收

<table>
<tr><td rowspan="2">客户验收</td><td>● 服务顾问验收完毕后，邀请客户一同到交车区验车。
● 如果客户不在客户休息室等待，则电话通知客户，约定取车时间。
● 客户验车流程：
◇ 服务顾问引领客户到车前，当面取下四件套，放于回收装置中；
◇ 服务顾问向客户详细解释维修项目和内容，并确认报价单上的项目均已完成；
◇ 重点向客户说明客户所交代的项目已经完成；
◇ 向客户展示并告知旧件的存放位置；
◇ 展示车辆检测数据报告；
◇ 特殊维修项目要告知客户维修后用车注意事项；
◇ 如果有本次未维修的项目，向客户强调说明并提供合理建议；
◇ 向客户强调展示免费增值服务内容，如洗车、清洁内饰、检测胎压、添加油液等</td></tr>
<tr><td>注意事项：提醒客户下次维修保养的里程和预计时间</td></tr>
</table>

7. 结算

1）**预结算**

（1）服务顾问请客户到服务接待前台，为客户调整座位，礼貌请客户就座。

（2）服务顾问向客户详细地说明结算单上的收费明细。

（3）向客户强调提供的免费项目，例如洗车、免费检查等。

（4）对于有折扣或优惠的情况，向客户说明原价及折后价。

（5）告知客户 3 日内将对服务质量进行电话回访，询问客户方便接听电话的时间。

（6）再次提醒客户下次保养时间和里程，并在结算单中注明。

（7）与客户确认最终价格后，打印一式三联的结算单，请客户在结算单上签字确认。

（8）告知客户财务允许的支付方式并询问确认客户的支付方式。

（9）引导客户到收银台结账，将结算单交给收银员，并将客户的姓氏介绍给收银员。

2）**收银**

（1）客户到达时，收银员应立即起立，微笑并主动向客户热情问好。

（2）收银员向客户再次确认结算车辆车牌号及费用信息。

（3）收银员与客户确认付款方式，并且按照结算单的金额收款，收款后当面与客户核对应收、实收钱款（在收银业务中，收银员应做到唱收、唱付、唱找）。

（4）收银员确认收款完成后，在 WMS 系统中操作收款步骤，打印收款单，并请客户在收款单上签字。

（5）收银员与客户确认是否开具发票；若需开具发票，则与客户核对发票的抬头。

（6）给客户开具出门证，并将找回的零钱、结算单客户联、发票、出门证、宣传资料等，用专用信封装上，递交给客户，并礼貌恭送客户。

（7）收银员把结算单收银联归档。

8. 交车

1）完成交付（表6-10）

表6-10 完成交付

<table>
<tr><td rowspan="3">完成交付</td><td>● 服务顾问将车钥匙交还客户，完成车辆财产交接；
● 提醒客户整理好相关的资料，带领客户出门到车辆交车区</td></tr>
<tr><td>● 在通往交车区途中，服务顾问应该再次提醒以下事项：
◇ 未完成的维修项目，并希望预约新的时间进行修理；
◇ 提醒下次的保养里程及预计时间，并告知客户会提前收到客户中心的提醒预约电话；
◇ 远期的销售铺垫，未来需要的维修项目建议；
◇ 提醒汽车维修企业的热线电话，告知客户有任何的疑问或预约需求，可电话联系；
◇ 提醒客户3日电访事宜，希望客户配合满意度的调查。
● 现场询问了解客户满意度情况，此项工作由客服人员执行</td></tr>
<tr><td>● 服务顾问为客户打开车门，向客户指引出门的方向，礼貌送别客户并对客户的惠顾表示感谢</td></tr>
</table>

2）送客户离开（表6-11）

表6-11 送客户离开

<table>
<tr><td rowspan="2">送客户离开</td><td>● 如果工作时间容许，可帮客户将出门证递交保安</td></tr>
<tr><td>● 目送客户驾车离开，直到客户车辆离开视线
● 客户离店后，服务顾问当天通过短信方式向客户表示感谢</td></tr>
</table>

9. 回访

1）回访概述

服务流程的最后一个环节是回访。回访可采用电话、书面等各种方式，回访有三个重要作用：

（1）在感谢客户进厂的同时询问车辆状态，传达重视客户的姿态。

（2）快速真挚地回应，使抱有不满的客户也能满意。

（3）找到存在的问题和不足，以便内部整改。

回访对汽车维修企业来说，是一种十分有效的营销手段，同时还是品质保证的组成部分。

2）回访准备

（1）客户专员应该周期性地整理客户档案，如果发现客户资料不完整，则应记录并反映在月度报告中，以便后续的客户接触中确认并更新客户资料。

（2）客户专员每天在店面运营管理系统中进入回访界面，查找出当日需要回访的客户信息档案。

（3）根据客户信息找到对应的派工单和结算单等单据。

（4）准备好电话回访记录表、客户抱怨处理表等工具表单。

（5）客户专员对客户的回访应该在维修后3日内完成。

3）回访流程

（1）客户专员接通客户电话后，应该主动表明自己的身份，说明意图，并礼貌地询问客户是否方便接受回访。

（2）客户专员应该按照标准流程和问题设置回访。

(3) 对于车辆疑似未修复的客户,应该立即生成内部流转单,转车间主任处理。车间主任应该立即致电客户,确认客户的问题是否属于未修复车辆,如果属于正常现象,车间主任则拒绝返修单;如果存在未修复嫌疑,应该立即和客户约定再次回厂的时间,并请客户专员在店面运营管理系统中生成预约单。

(4) 对有不满或抱怨的客户,应向客户表示歉意,并立即生成抱怨处理单,转店长处理。

(5) 回访结束前,应再次提醒汽车维修企业的热线电话,并希望预约服务。

(6) 礼貌的和客户说再见,愉快的结束回访。

4) 抱怨处理

(1) 当产生客户抱怨时,客户专员应立即生成客户抱怨处理单,进入抱怨处理流程。

(2) 客户专员将客户抱怨处理单上报给店长。

(3) 店长根据客户抱怨类型将抱怨处理单派发到对应业务部门负责人。

(4) 部门负责人接收到抱怨处理单后,应立即处理,分析抱怨原因,落实问题并找到处理解决措施,致电客户,挽回客户满意。

(5) 部门负责人处理完毕后,填写完善抱怨处理单,反馈给店长和客服部门。

(6) 客服部门再次回访客户,落实抱怨是否解决,客户是否满意。

(7) 客户满意,结束回访,抱怨处理关闭。

(8) 客户专员将抱怨处理单存档,并总结经验,找出问题的根源,在周会或月会中通告,以防再次发生。

(9) 所有的抱怨应该在接到抱怨电话 1 小时内进行回复,并需要在 3 日内处理完成。

5) 满意度报告

(1) 客户服务中心应该在每月初 5 日前,完成上月的客户满意度统计报表,并对客户档案信息、客户满意度、客户抱怨等生成报告,在每月月会上通报。

(2) 汽车维修企业应该将客户满意度纳入对相关岗位人员的考核当中。

(3) 满意度调查表如图 6-4 所示。

BOSCH Service

客户满意度电话调查问卷

尊敬的博世车联车主：为帮助您全面了解博世车联全境界服务，我们诚挚邀请您协助回答以下问题，以便我们更了解您的需求，为您提供更好的服务。

×××博世车联维修站　　调查日期：　年　月　日

项目	满意 □	不满意 □
1. 请问您对您的这次博世车联体验，总体的评价是否满意？	满意 □	不满意 □
2. 请问您本次服务有提前预约吗？（如有电话预约）请问您对我们的电话预约服务质量是否满意？	满意 □	不满意 □
3. 请问您对接待您的客户专员的服务还满意吗？	满意 □	不满意 □
4. 请问您对我们的客户休息区满意吗？	满意 □	不满意 □
5. 请问您对我们的车间人员专业度满意吗？	满意 □	不满意 □
6. 请问您对我们维修后的车况满意吗？	满意 □	不满意 □
7. 请问您对我们的结账清单及发票解释满意吗？	满意 □	不满意 □
8. 请问您对接车和交车时的等待时间还满意吗？	满意 □	不满意 □
9. 请问您是否会向您的朋友推荐博世车联××××店？	推荐 □	不推荐 □
10. 您对我们服务站的服务工作有没有什么意见和要求呢？您觉得有没有我们需要改进的地方？		

图 6-4　客户满意度问卷调查

6.2 标准服务礼仪规范

礼仪是生活行为的规范和为人处世的标准，是仪容仪表、言谈举止、待人接物的规定，也是个人道德品质、文化素养等精神内涵的外在表现。待人接物彬彬有礼，可以在尊重他人的同时也获得他人的尊重。

礼仪贯穿于服务的整个流程，它可以塑造服务人员专业的个人形象，使服务人员在服务过程中逐步赢得客户好感，建立客户对企业的信心。拥有良好的职业形象、专业的服务礼仪的企业服务人员，不仅反映出优秀的个人素质、修养，同时也是规范管理、高服务水准的体现。

6.2.1 仪表要求

仪表，是指人的外表，包括人的容貌、举止、服饰等方面，是个人精神面貌的体现。每天上班前对自己的仪表进行检查，会使你一天的工作增加自信，也可使其他人感到轻松、愉快。男士仪表和女士仪表的“宜”和“忌”见表 6-12、表 6-13。

表 6-12　男士仪表

宜	整体：整洁清雅、自然大方、精神奕奕、充满活力； 发型要求：前不及眉、旁不及耳、后不及衣领，保持头发的干净整洁
忌	[外表] 头发：禁止染色，禁止剃光头。 胡须：剃须修面，保持清洁。 口气：饭后洁牙，保持口气清新。 指甲：须短，保持清洁。 饰品：工作中不允许佩戴。 [职场穿搭] 工牌：左胸前佩戴工牌，位置适中，工牌保持干净整洁。 制服：工作时间穿着规定的标准制服，大小合身，保持整洁。 西装：扣子同时扣或者下扣。 衬衫：保持平整，每日清洗熨烫，尤其要注意领口、袖口保持洁净。 领带：领带紧贴领口，系得美观大方，打结处无变形。 裤子：须熨烫平整有裤线，要经常换洗。 鞋袜：与制服搭配黑色正装皮鞋，皮鞋保持光亮清洁，后跟无明显磨损，配黑色或深色袜子

表 6-13　女士仪表

宜	整体：整洁清雅、自然大方、精神奕奕、充满活力； 发型要求：文雅、庄重，梳理整齐，发帘不要遮住眼睛，头发束起，不用华丽头饰
忌	[外表] 头发：禁止散发。 面部：须化淡妆，保持清新自然。 口气：饭后洁牙，保持口气清新。 指甲：须短，保持清洁；涂指甲油时应涂自然色。 饰品：工作中不允许佩戴。 [职场穿搭] 工牌：左胸前佩戴工牌，位置适中，工牌保持干净整洁。 制服：工作时间穿着规定的标准制服，大小合身，保持整洁、舒展。 裙装：裙装不允开叉过高、太短、太露(裙长应不短于膝盖以上 3 厘米)；忌穿短袜。 皮鞋：不穿鞋跟过高、过细的鞋子，夏季穿凉鞋应注意前不露脚趾、后不露脚跟；鞋子光亮整洁

6.2.2　仪态要求

仪态涉及站姿、行姿、蹲姿、坐姿、手势、注目和微笑等。各个仪态的“宜”和“忌”见表 6-14—表 6-20。

表 6-14　站姿

宜	男性站立时，双脚叉开，与肩同宽，上身保持挺直，双手合起放在背后。 女性站立时，双脚呈“V”字形，脚尖开度为 50°左右，膝与脚后跟均要靠紧；双手合起放于腹前
忌	含胸驼背、左摇右晃。 双手随意放置，身体倚靠桌椅。 女性站立时，双脚叉开

表 6-15　行姿

宜	行走时身体重心前倾，上身自然挺拔，挺胸抬头，肩部放松，眼睛平视前方，面带微笑，手臂伸直放松，手指自然弯曲，双臂应自然轻松摆动。行走时，重心落在脚掌前端，抬腿时伸直膝盖，全脚掌着地，脚尖指向前方。 步伐适中，尽量走直线。 行走时靠右侧，遇到同事或客户时，要主动问好。除非引领，否则让客户先行。 遇有急事或手提重物需超越前人，应礼貌征得同意，并表示歉意
忌	步幅过大，左顾右看。 多人行走时并肩或横成一排

表 6-16　蹲姿

宜	下蹲时，左脚在前，右脚在后，双腿合力支撑身躯，避免滑倒或摔倒，前脚全着地，小腿基本垂直于地面，后脚跟提起，脚掌着地，臀部向下。左右手各放于膝盖附近，挺直上身，抬头，目视前方。 下蹲时的高度以双目保持与客户双目等高为佳。 女士着裙装时，下蹲前须整理裙摆，两腿靠紧
忌	—

表 6-17 坐姿

宜	一般从座位的左侧入座、离座，动作要轻而缓。 入座时，一般只占座位的三分之二，如坐在深而软的沙发上，则坐在前端。 坐下后，上身挺直，身体自然放松，目光平视前方或交谈对象，面带微笑；对坐谈话时，身体稍向前倾，表示尊重和谦虚。 男士双腿自然分开，两膝平行，间距以一掌为宜，小腿基本与地面垂直。 女士双腿并拢或交叉，双手交叉放于两腿上，着裙装入座时应整理裙摆后再坐下。 如果长时间端坐，可将两腿交叉重叠，但要注意将腿向回收，脚尖向下
忌	坐时前倾或后仰，并发出嘈杂的声音。 坐满整个椅面，仰靠沙发。 坐时腿脚晃抖，跷二郎腿，脚尖朝天，前俯后仰或歪向一侧；坐时摆弄笔或茶杯。 女士坐时双腿叉开

表 6-18 手势

宜	五指伸直并拢，手掌自然伸直，手心向上，肘微弯曲，头部和上身微向伸出手的一侧倾斜，另一只手自然下垂。 注意手势的大小幅度，手势应在胸前或右前方进行。 多用柔和曲线手势。 在向客户作介绍、与客户谈话、为客户引路、指引方向时运用手势，要求正规、得体、适度
忌	手势的动作幅度过大、次数过多。 用生硬的直线条手势。 玩东西。 用手指指点他人

表 6-19 注目

宜	与客户交谈时，双眼视线落在对方鼻间，标准注视时间是交谈时间的 30%～60%。 对对方讲话感兴趣，应用友善的目光注视对方双眼，并适时移动视线。 当等待对方回答时，眼睛略朝下看，以示谦恭。 当被介绍与人认识时，眼睛要看着对方脸部，但不能将对方上下打量
忌	与客户交谈时，斜视或注视他人他物，让客户感到不礼貌和心不在焉。 长时间盯视对方，眼睛转动幅度与速度太快或太慢，给人以轻浮、不庄重或呆板之感

表 6-20 微笑

宜	与客户交流时，保持自然微笑，以拉近与客户的距离。 微笑应亲切真诚、自然适度，让客户真正体会到诚意与友善。 微笑适时配合得体手势，显得更加自然大方
忌	表情过于夸张，让人感觉不自然

6.2.3 工作礼仪

1. 常用礼节

常用礼节包括问候、鞠躬、握手和通行引导。各个常用礼节的“宜”和“忌”见表 6-21—表 6-24。

表 6-21 问候礼节

宜	温柔甜蜜的微笑，带着相信与关心的目光看对方。 头稍抬起，下颌自然收回，肩膀放松，双手垂放于裤线上（女士要把双手放于腹前），双脚脚跟合并，双脚成 45°角。 主动先向别人及时地问候，每一次见面都要问候
忌	没有目光、没有语言的问候。 站在楼梯的上面台阶上，向在下面台阶的领导问候。 只是点头的问候

表 6-22 鞠躬礼节

宜	遇到客户或表示感谢或回礼时，行 15°鞠躬礼；遇到尊贵客户来店时，行 30°鞠躬礼。 行礼时，面对客户、并拢双脚。男士双手放在身体两侧，女士双手合起放在身体前面。 鞠躬时，弯腰速度适中，之后抬头直腰
忌	只弯头的鞠躬。 不看对方的鞠躬。 头部左右晃动的鞠躬。 双腿没有并齐的鞠躬。 驼背式的鞠躬

表 6-23 握手礼节

宜	握手顺序：尊者优先，待客户、女士、长者、上级先主动伸出手，服务人员再相迎握手。 握手动作：双腿立正、上身略向前倾，对方伸手后，我方迅速迎上去，伸出右手。手掌呈垂直状态，四指并拢，拇指张开与对方相握。握手时力度适中，时间为 1～3 秒，上下稍许晃动 2～3 次，随后松开手，恢复原状。与异性握手时，只轻轻握手指部位。 保持手的清洁、干燥、温暖。若戴手套，须先脱手套再握手。 为表示格外尊重和亲密，可双手和对方相握。 要注视对方并面带微笑
忌	握手时长篇大论，或点头哈腰过分热情。 握手时不注视对方，目光游移，心不在焉，或者漫不经心。 握手时上下过分摇动。 与异性握手时用双手。 握手后，用手帕擦手。 戴着手套与人握手

表 6-24　通行引导礼节

场合	注意事项
走廊	引领时，服务人员走在客户左前方 1～2 步处，或者让客户先行。 若通道较窄且有客户或上级相对走来时，服务人员主动停下靠在一旁，面向对方，点头示意并请对方先行通过，切不可背朝对方。 拐弯或有楼梯台阶的地方应使用手势，并提醒客户“这边请”或“注意楼梯”等
楼梯	上下楼梯靠右单行行走，不要多人并排行走。 引领时，服务人员走在前面；或者上楼梯时让客户走在前；下楼梯时让客户走在后。 注意与身前身后人的距离，以防碰撞
办公室	引导客户方位或引导观看时，手臂自然伸出，手心向上，手指并拢(使用与客户距离远的那条手臂)。 引导客户进出办公室时，服务人员走在前面引领
电梯	乘电梯时，依序进出，文明礼让，为客户操作按键，忌同时按上行和下行键。 进入无人值守的电梯，应自己先进入电梯，并按住“开门”按钮，避免电梯夹人(如果只有一名客户同行，应请客户先入)。 进入后应让出通道，如果电梯比较拥挤，应将靠近电梯内侧的位置让给客户。 电梯内不要吸烟，尽量少进行私人间的交谈，尤其要避免谈论工作话题。 在电梯内挪动时注意不要碰撞他人，进出电梯需要从别人身边走过可能会碰到他人时，使用敬语“劳驾”或“对不起”。 出电梯时，应让出通道请客户先行，并按住“开门”按钮，避免电梯夹人

2. 名片礼仪

名片礼仪包括存放名片、递送名片和接受名片。各个名片礼仪的“宜”和“忌”见表 6-25—表 6-27。

表 6-25　存放名片礼仪

宜	服务人员随身携带名片，名片应放在专用的名片包或名片夹里，也可以放在衬衣口袋或西装的内侧口袋。 自己的公文包及办公桌抽屉里须常备名片。 接过他人的名片并看过之后，精心地放入自己的名片包、名片夹或上衣口袋内。 要保持名片或名片夹的清洁、平整
忌	将名片放在裤袋、裙兜、提包或钱夹里

表 6-26　递送名片礼仪

宜	须先于客户递出名片。 递名片时起身，正面对着对方，双手拿出自己的名片，将名片的方向调整到最适合对方观看的位置；递送顺序可按职务先高后低或与自己距离先近后远进行，圆桌上按顺时针方向开始。 递名片同时使用敬语“认识您真高兴”“请多指教”“多多关照”和“常联系”，或作自我介绍等
忌	先于上司向客户递交名片。 左手递名片。 名片背面对着对方或名片颠倒着面对对方。 名片举得高于胸部。 以手指夹着名片给人

表 6-27　接受名片礼仪

宜	双手承接对方名片，表示感谢，轻轻点头招呼并将名片快速仔细浏览一遍，提问确定对方的姓名及单位名称，然后将名片放在专用的名片夹或放在其他不易折的地方
忌	接到对方名片后不看就收起。 无意识地玩弄对方名片。 当场在对方名片上写备忘。 离开时忘带对方名片

3. 电话礼仪

电话是汽车维修企业对外沟通经常使用的工具，从电话的接听、挂断等小小的动作上，应体现出企业和个人的素养。

（1）基本电话礼仪

- 通话时要态度谦和，声调应表达出诚恳、热情、亲切。
- 注意控制语气语调，通话时语气、态度注意配合对方，这样有利于双方愉快交流。
- 公共场合通话要注意控制音量，以免影响他人或泄露公务与机密。
- 电话内容应言简意赅、语言简洁，口齿清晰，避免啰嗦。
- 重要电话应进行记录，电话记录应简洁、完整，须包含“5W1H”，即 When 何时、Who 何人来电、Where 事件地点、What 何事、Why 原因、How 如何做。
- 当你正在通电话，又碰上客户来访时，原则上应先招待来访客户，此时应尽快和通话对方致歉，得到许可后挂断电话。不过，电话内容很重要而不能马上挂断时，应告知来访的客户稍等，然后继续通话。
- 如果电话突然中断，应再拨给对方，尤其是我方拨出的电话更应尽快再拨。
- 上班时间不应长时间拨打或接听私人电话。
- 电话结束，要礼貌地道别。要等对方先挂断电话后，再轻轻挂断电话。

（2）汽车维修企业电话接听礼仪

- 电话应在响三声之内接听，长时间让对方等候是很不礼貌的行为，如果电话是在响了三声后才接起，要先向对方道歉：“不好意思，让您久等了！”
- 在礼貌称呼之后，先主动报出企业或部门的名称。如：“您好，××汽车维修企业××店，请问有什么可以帮助您？”
- 在嘈杂环境中，听不清楚对方声音时要说明，并请对方过一会儿再打过来或我方打过去。
- 转接电话时，要询问对方单位名称及所属部门，为指定的受话人提供便利。如：“请问您哪位找他(她)呢?”

- 如对方要找的人不在,在不了解对方动机、目的时,不要随便传话,未授权的情况下不要说出指定受话人的行踪。
- 在电话中传达事情时,应重复要点,对于数字、日期、时间等,应再次确认以免出错。
- 对于接听时间过长而希望结束的电话,不能使用诸如“你说完了没有?我还有事呢”的语气,应使用委婉、含蓄的话术:“好吧,我不再占用您宝贵的时间了!”
- 在确认接到拨错的电话时切勿发脾气,要语气温和地告诉对方:“您打错了,这是××汽车维修企业。”

(3) 电话呼出礼仪

- 通话背景不要太吵,找一安静的环境。
- 呼出电话前必须要准备通话要点,并准备好纸笔便于记录。
- 客户留有固定电话号码时,应先拨客户的固定电话,找不到时再拨手机。
- 选择适当的通话时间,一般来说,9:30—11:00 和 13:30—16:30 之间较为合适。往客户家里打电话,应避开早晨 8 点钟之前和晚上 10 点钟之后;往客户办公室打电话,应避开以下两个敏感时段:在刚上班的时段内,对方会比较繁忙,而临近下班时又会归心似箭,无心工作。
- 打电话时要先通报自己的单位或姓名,比如:“您好!我是××汽车维修企业××店的小刘!”开口就打听自己需要了解的事情,这种态度是令人反感的。
- 当通话时间较长时,应先礼貌地询问对方是否方便之后,再开始交谈。比如:“请问您现在讲话方便吗?我可能需要占用您五分钟的时间!”
- 假如自己要找的人不在,对方又问是否需转告时,不要一声“没有”就挂断,最好留下姓名和电话号码,如果真无需转告,也应客气地道谢。
- 当自己拨错电话后,应向对方道歉,如:“对不起,我拨错电话了!”

(4) 手机使用礼仪

- 不使用怪异或格调低下的铃声,要与服务人员的形象匹配。
- 在接待或拜访客户时,要将手机调至振动状态,避免突然响起的铃声破坏刚与客户建立起来的良好沟通氛围。
- 在与客户交谈时如遇电话呼入而又必须接听时,应先向顾客致歉:“对不起,我先接个电话。”接听手机的时间应尽量简短,可以告知来电者稍后回复,如:“您好,真对不起,我现在正在处理一些事情,我稍候给您回电可以吗?”
- 如果自己正在开会、会客、不宜长谈,或另有电话打进来,需要中止通话时,应说明原因,告知对方:“一有空,我马上打电话给您!”

4. 商务信函/电子邮件/短信礼仪

商务信函、电子邮件和短信也是与客户进行沟通时经常使用的工具，规范的使用同样可以增进客户对企业的好印象。

(1) 商务信函

- 书写时一定要注意内容简洁明了、措辞得当，无语法错误和错别字，开始和结束一定要有问候和致谢语。
- 商务信函应使用企业的规范信封寄送，并保持信函及信封的整洁、美观。
- 尽量不要使用统一打印的信封封面，工整的手写信封能让客户感到受重视，留下更深刻的印象。

(2) 电子邮件

- 电子邮件的主题应详细写明，便于收件人一目了然掌握邮件主旨。
- 发送的电子邮件可以设置统一格式的签名，便于统一企业形象。
- 重要的电子邮件应设置“收到后确认”的提示信息，或发送后进行电话跟踪确认。
- 对于收到的需要进行回复确认的电子邮件，应及时予以回复确认。

(3) 短信

- 在保证信息充分表达的前提下，短信的内容应力求简练，尽量控制在60个字以内，避免信息丢失和成本增加，如果内容确实较多，可以编写多条、同时发送。
- 为便于短信接受方识别，应在短信结尾标注企业名称和个人姓名。
- 重要短信可以加注请对方回复的要求或在短信发送后进行电话确认。

5. 客户接待礼仪

客户接待是面对顾客的第一张笑脸，一线服务人员接待客户的态度决定着整个汽车维修企业的形象。

- 迎接客户。
- 称呼礼仪。
- 自我介绍礼仪。
- 介绍他人。
- 交谈礼仪。
- 引导客户入座。
- 饮料递送。
- 文件资料递送。

6. 客户拜访礼仪

拜访是服务人员与重要客户交流的一种常用方式，到客户处进行拜访能表示对客户的尊重与重视，成功的拜访能有效地促进与客户的关系。

(1) 拜访前的准备工作

- 事先打电话说明拜访的目的、约定拜访的时间和地点。(注意不要在客户刚上班、快下班、异常繁忙、正在开重要会议时去拜访,也不要在客户休息和用餐时间去拜访。)
- 阅读拜访对象的个人和企业资料,明确拜访主题、思路和话语。
- 准备拜访时可能用到的物品,如名片、笔和记录本等。

(2) 拜访时

- 出发前与客户联系确认,以防临时发生变化。
- 确保在约定时间内到达,最好提前5～10分钟到。
- 仪容仪表整理。
- 面带微笑,向接待员说明身份、拜访对象和目的。
- 从容等待接待员将自己引导至会客室或受访者的办公室。如是拜访重要客户,最好将手机关机或调至静音状态,避免交谈过程中的来电影响交谈效果;会谈过程中,尽量不拨打或接听电话。
- 如果是雨天,不要将雨具带入办公室。
- 在会客室等候时,不看无关的资料;接待员奉茶时,要双手接过并表示谢意。
- 进入拜访对象的办公室时,应先用手轻轻敲门,听到"请进"后再进入。
- 进屋后应待主人安排指点后坐下;后来的客人到达时,先到的客人应该站起来,等待介绍。

7. 办公室礼仪

(1) 上班

- 严守上班时间,应提前5分钟到岗。
- 如有可能发生缺勤、迟到等现象时,应提前跟上级联系(最好提前一天)。
- 早上见到同事,应互致问候。
- 计划当天的工作内容,进行工作用具准备。

(2) 工作时间

- 办公室内严禁吸烟、看报和闲聊等。
- 不要私下议论、窃窃私语。
- 办公台上应保持清洁和办公用品的整齐。
- 以饱满的工作态度投入一天的工作中。
- 走路时,要舒展肩背,不要弯腰、驼背。
- 有急事也不要跑步,可快步行走。
- 按照右侧通行的原则,如遇到迎面来人时,应主动让路。

(3) 下班

- 下班前将待处理工作记录下来,以方便第二天工作。
- 应整理好自己的桌面,将机密文件、票据和重要物品存放好。
- 离开办公室应向同事们告辞。
- 还没有到下班时间就一个劲地看表,心神不宁是不雅观的。

第 7 章

车间及配件管理

7.1 车间管理

7.1.1 基于 WMS 的车间管理

1. 功能模块

目前新势力造车品牌的经销商管理系统基本都是以用户为中心打造的全服务生命周期的数字服务平台，如图 7-1 所示。

图 7-1　服务平台

2. 收益和价值

(1) 全电子化的业务流转与操作，提升各业务板块的工作效率

- 从预约、预检、维修、领料、结算等业务各环节全电子化操作，实现无纸化办公；
- 服务顾问、技师、配件、财务等各职能人员业务数据数字化的传递，避免信息遗漏；
- 多终端的设备支持，同时兼容 PC 端与移动端。

(2) 智能化的数据显示与管理，提升业务操作效率

- 车辆后台数据的智能获取，减少信息的录入；
- 配件情况的智能预测，减少配件的不满足率；
- 智能维修故障判断，提升维修效率与一次性修复率。

(3) 全透明化的车间管理与数据展示及分析，提高管理效率

- 服务关键节点的图片视频记录，各节点的操作人员及节点时间记录；
- 多维度与个性化的数据报表展示，准确地定位问题，提升运营能力。

7.1.2 透明车间

1. 透明车间介绍

通过对场地安装识别与监控摄像头，实现用户在 App 与店内看板中实时查看车辆维修进度和维修视频。

(1) 智能系统

- 整个系统从用户预约开始即可生成相应数据链信息，如车辆进店、预检、制单、维修质检、用户休息、交车等内容；
- 全流程实现智能提醒、自动派工、无纸化办公、实时互动等。

(2) 标准服务流程

- 主要体现维修店人员服务的专业化和标准化，提升店内员工服务的专业形象；
- 通过对系统的使用，车主进店后能够切身感受到服务人员工作的专业、过程的便捷、全程的放心。

2. 透明车间业务场景描述(表 7-1)

表 7-1 透明车间业务场景

业务环节	主要功能场景项	主要数据项	接待区看板展示内容	维修区看板	用户 App
接待	自动识别车牌号码，并实现自动抬杆放行	采集入场信息、时间和照片等	车辆到店提醒	车辆到店提醒	告知用户车辆到店
	顾客到店提醒				
预检	自动识别车牌号码	采集进入和离开预检位区信息、时间和照片	预检中	车辆预检中，做好维修准备	告知用户完成预检
	车辆预检提醒				
开单	服务顾问开具委托书和用户完成确认	同步维修工单和派工单	等待维修中	展示具体需要维修内容和派工信息	提醒用户确认维修内容
	车辆维修提醒				
维修	自动识别车牌号码	采集该车辆在各工位进入和离开时间、各工位上完整视频记录、当前工位上实时视频地址	维修中，并实时展示维修视频	展示车辆当前所处工位、具体维修内容和派工信息	实时查看维修视频
	电子看板展示				
	车辆维修实时查看				
	具体维修内容和进度				

（续表）

业务环节	主要功能场景项	主要数据项	接待区看板展示内容	维修区看板	用户 App
质检	质检内容	—	质检中	—	—
支付	支付费用	—	维修完成	—	提醒用户确认维修实际发生明细清单并在线完成支付
交车	交车状态	同步维修工单状态	—	—	—
离场	自动识别车牌号码，并实现自动抬杆放行	采集离场信息、时间和照片等	—	—	告知用户车辆离店，后续用户可以在 App 上查看历史维修记录以及对应的视频回放

7.2 维修服务质量管理

7.2.1 质量管理要求

1. 质量管理

质量是符合定义和期望的特性的程度，质量管理的定义由两部分组成：①达到客户期望的标准和汽车维修企业选择的标准，卓越的品质体现在每天的产品和维修服务中；②满足最高的标准完成维修，尽量提供贴心服务，满足客户需求，“管理”就是不断主动遵循这些标准。

只有实现质量透明化，让员工和客户深入理解其含义，质量管理才能取得成功。因此，必须准确定义“质量”，这里分为三层质量来做详细描述。

- 产品和服务质量：决定了客户的利益，因此也决定了客户是否满意产品和服务，并愿意重复购买。
- 过程质量：决定了维修企业的工作流程如何满足既定的客户要求，也确保了完美以及性价比高的产品和服务的质量输出。过程质量对于维修企业的成本有重要影响，从而影响到维修企业利润以及商业成功。
- 系统质量：指管理系统或维修企业的整体质量，即所谓的维修企业质量。

质量是一个过程，从个体员工开始，要求一致性。每个人都对质量负有责任。为了向客户提供最高的品质和最佳服务，需要每个员工都确信并保持内心对质量的坚持。但是质量是有价的。因此，提供的产品和服务必须依据客户的质量要求，以及企业品牌的要求。

哪里可以做一些策略性调整，哪里是维修企业的极限所在，哪里可以提供清晰明确以及客户愿意付费的要求，必须慎重考虑。

质量是在市场上取得成功的最关键因素之一。企业的质量源自产品质量、服务质量和过程质量之间的相互作用和完美融合，这一显著特征让企业在与其竞争对手的竞争中脱颖而出。在过去几年里，客户对服务的期望值与日俱增，与其他要求相比，他们尤其重视维修质量和订单的有序处理，对维修企业的要求越来越高的同时，也将大大增加那些能够满足客户越来越高要求的维修企业的业务量。

汽车维修企业必须全面以客户要求为导向，完善质量体系，提高专业技能。只有这样，才能不断满足客户日益上升的需求，并保持市场竞争力。实现所有目标的过程不是一蹴而就的，为了确保逐步实现整体目标，运用系统的质量管理方法来定义关键节点变得尤为重要。因此，质量和企业成功之间存在直接的因果关系，这也是企业中质量管理存在的理由，图 7-2 诠释了从企业系统质量管理到企业成功的逻辑关系。

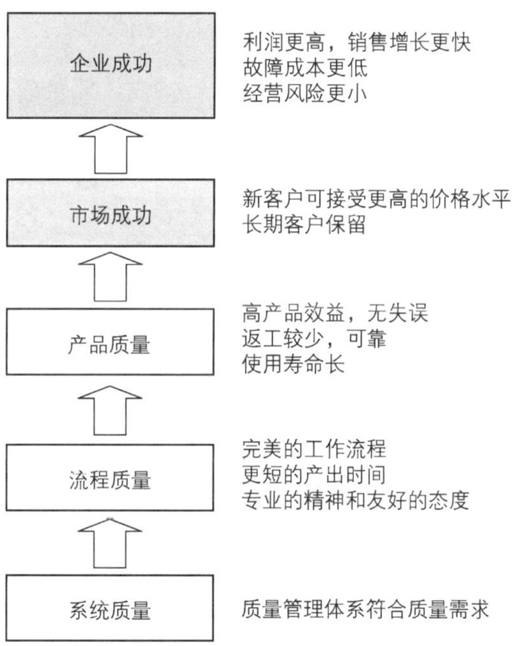

图 7-2　企业成功逻辑关系图

2. 质量管理方针和质量宣言

汽车维修企业的发展愿景中，要把企业发展成为在客户及行业意见领袖心中最好和最成功的维修企业，是终端车主心中在品牌 4S 站外的最优选择。

为了达成这一目标，企业需要遵守的质量方针如下：

（1）百分百专业——专业的诊断维修技师、专业的爱车态度、专业的诊断维修设备和配件。

(2) 百分百贴心——贴心流程为客户省时、贴心方案为客户省钱、贴心关怀为客户省心。

为了让所有的终端车主客户真正能体验到企业的专心之道，企业需要定义质量宣言，并保证该质量宣言能得到落实，利用系列的质量管理工具来规范汽车维修企业的服务，提升服务质量。

7.2.2 质量管理工具

为了让本维修企业成为客户及行业意见领袖心中最好的维修企业，需要将质量作为最重要的考虑因素，硬件设施完备，维修经验充足，心怀远大的目标，踏实认真地服务客户，并通过辅导、提升，一步步走向成熟稳定，给终端车主提供专业贴心的汽车后市场服务的同时，获得合理的长远的利润回报。

在质量管理提升的过程中，企业需要定义一系列的质量管理工具来监控实施，检验成果。图 7-3 所示为博世车联质量管理的工具。

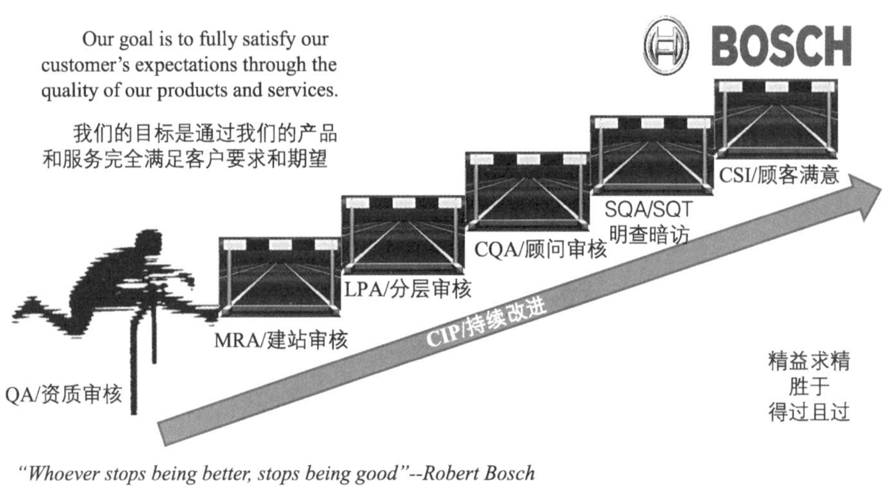

图 7-3 博世车联质量管理

7.2.3 质量管控监督实施

所有的质量管理活动最终都需要通过汽车维修企业的员工执行、传递，并最终让客户感知。因此，质量保证的关键在于企业的每一个员工。

充分的内部沟通是铸造品质的唯一途径，这也正是质量管理的优势。不只是从单一的个体参与者，例如维修人员的角度考虑工作完成的质量(这些个体只是承担整体工作的一小部分)，而是从客户角度出发，客户只关心他们的订单或者爱车的全部维修任务是否被正确地执行并完成。这需要客户和服务顾问、客户和技师、技师和配件经理、配件经理和供应商之间都能协同合作，才能得到不错的总体结果。

由此可见，质量与沟通和协调密不可分，即工作细分、工作交接、任务必须明确到个人，实现这些的最好方式就是相互交流。企业不但要促进合作及加强必要的监督，更重要的是对重要的流程和记录留下书面证据。企业关注的重点不单单只在人们的脑袋里，必须被书面记录下来，以便澄清相关人员的职责和义务，以便所有人理解和执行。

实践证明，对于一场讨论，如果参与人群在讨论时记录下重点并被要求签字承诺时，这场讨论将更有效和清晰。我们每天都要操作的流程更应如此，谁能比实际操作的员工更了解流程呢？因此，应让他们参与制定流程。但是，仅仅将员工的知识输入电脑是不足以开发最高效的流程的，还需要激励员工，在后续的实践中，严格依据既定的流程来让他们度过紧张忙碌的每一天。如果员工能遵循自己制定的流程顺利完成工作，那么，就初步达成目标了。

但是，因为市场在不断变化中，长期不变的架构和流程长远来看也会影响质量。建议根据市场情况和实际需要定期审核和优化现有流程，因为是流程服务于员工，而不是员工服务于流程。可以经常把自己想象成持相反意见的人并自我挑战："为什么不能用不同的方法呢？"

组织中最大的可合理化和改进的空间就隐藏在组织的流程中。为了发挥这些减少成本的优化的潜力，必须为员工提供更大的发挥空间。如果员工只是将自己当作操作机器，做一天和尚撞一天钟的话，他们会忽视如何想办法把工作做得多快好省的重要性。只有对员工正确授权，强调自治，提倡统筹规划，才能做好现在的工作并在未来持续改进。

如果全体员工都能遵循以上原则，可以避免错误，降低成本，提升企业声誉和客户满意度。

7.3　车间6S管理

正所谓"人造环境，环境育人"，没有一个良好的工作环境，企业就无法造就人才，更无法留住人才，同时也会影响我们日常工作的正常开展。6S管理不仅能够改善生产环境，还能提高生产效率、服务水准、员工士气等，是减少浪费、提高生产力的基本要求，也是其他现代企业管理活动有效展开的基础，最终达到用户满意、投资者满意、员工满意、社会满意。6S管理会使汽车维修企业在现场管理方面标准化、规范化，更有利于企业形象的改进及企业的长远发展，使企业管理水平得到提升。6S管理是一个不断改进、不断循环的管理过程，必须要坚持不懈，才能达到预期的目的，实现长远的目标。

7.3.1　6S的定义

"6S"是由日本研究提出的一种"良好工作环境"的塑造方案，其目的借由整理(Sciri)、整顿(Seiton)、清扫(Seiso)、清洁(Seitetsu)、素养(Shitsuke)及安全(Securitr)六种行为来创造一个良好的工作环境，以提升工作效率，提高产品及服务品质，进而为企业的经营缔造良好契机。而在日文中，此六项皆是指以“S”为其发音开头，故称此种方案为“6S”。

7.3.2 实施6S管理的意义

（1）改善提升企业形象。

（2）提高工作效率。

（3）提高产品及服务质量。

（4）降低生产成本。

（5）提高安全性。

（6）改善员工精神面貌。

7.3.3 6S管理概念

1. 整理

彻底将用与不用的东西区分清楚，并将不用的东西加以处理，它是改善作业现场环境的第一步。其目的在于：改善和增加作业面积；作业现场无杂物，通行道路畅通无阻，提高工作效率；消除各种物品混放现象。

2. 整顿

将经过整理出来的物品加以定量、定位。整顿就是物品放置方法、位置的标准化管理，其关键在于做到定品、定量、定位。据此，可以制作看板，做到目视管理，从而使该方法标准化。

3. 清扫

（1）自己使用自己的物品，如设备、工具等，各工位要自己清扫而不依赖别人。

（2）对设备的清扫着眼于对设备的维护保养，清扫设备要同设备的检查和保养结合起来，清扫过程中如发现有油水泄漏等异常状况时必须查明原因，并采取措施加以改进，而不能听之任之。

4. 清洁

是指对整理、整顿、清扫之后的工作成果要加以维护，使现场保持完美和最佳状态。实施清洁作业时，要坚持“三要”和“三不要”的原则。

（1）“三要”原则

➢ 物品要清洁；

➢ 现场工作人员形象要清洁；

➢ 现场工作人员精神上要同样清洁。

（2）“三不要”原则

➢ 不要放置不用的东西（与工作无关的物品）；

➢ 不要弄乱现场摆放的物品；

➢ 不要弄脏现场摆放的物品。

5. 素养

要努力提高员工的素养，养成严格遵守规章制度的习惯和作风，养成良好的语言规范和行为规范。素养是 6S 管理的核心，没有员工素质的提高，各项工作就不能顺利开展，即使开展了也坚持不长久。

6. 安全

就是要保护员工及物品不受侵害，创造无意外事故发生的工作现场。为此，应建立健全各项管理体系、培训工作人员的操作技能。要全员参与，重视隐患，重视预防。

7.3.4 建设 6S 管理机构

建立一个 6S 推进工作组作为核心力量来推行 6S 的实施，可以专职，也可以兼职，由汽车维修企业总经理担任总负责人，并作为工作组组长负责全面推进工作，各部门主管作为工作组组员负责各部门的具体工作。

工作组的组织架构如图 7-4 所示。

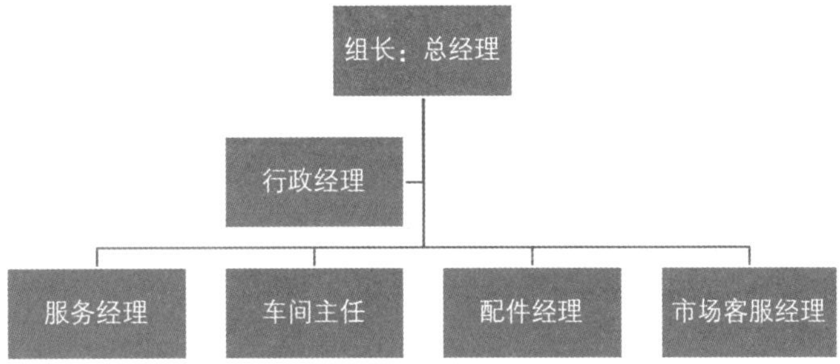

图 7-4　工作组组织架构

1. 职责描述

(1) 6S 管理组组长：策划整体的推进活动，组织各组员负责具体的推进工作，考核推进结果，定期向上汇报推进情况。

(2) 组员：推进工作的实施，评价各部门的推进工作，随时向组长汇报推进情况。

2. 6S 检查要求

(1) 每次巡查需认真做好记录。

(2) 项目组巡查员巡查时须佩戴企业制作的巡查标识(袖标)。

(3) 项目组巡查员必须按规定巡查，发现违规情况及时进行处罚。

3. 6S 项目组工作实施

(1) 准备：由总经理下达 6S 推进要求并明确项目组结构和工作任务。

(2) 培训：由各部门经理或主管配合项目组通过会议和培训形式向各岗位人员传达 6S 工作要求，并进行学习和动员。

(3) 检查：项目组成员按两人或三人一组排班，每天检查，项目组巡查员将检查情况在次日(遇节假日顺延)员工早会上通报；项目组巡查员如在轮值期间请假或公务，必须提前通知项目组组长，由组长另行调整。

7.3.5 6S 培训

各维修企业要定期组织全体员工进行 6S 工作内容培训，通过培训使每一名员工了解 6S 管理意义和内容、具体实施措施、规章制度及考核办法。

培训要求全体员工参加，由 6S 管理组组长负责主持授课，讲解后可采取分组讨论的方式，然后集中整理，形成培训记录，并组织全体员工考试。

6S 管理组要定期组织组员召开工作会议，总结实施改进后的效果，推行工作的进度，讨论工作中存在的问题，发现问题及时解决。初级阶段会议设置每两周一次，以后可以缩减为每月一次。每次会议要形成会议纪要，存档备查。

7.3.6 实施步骤

1. 整理

(1) 原则：要与不要，一留一弃。

(2) 目的：腾出空间，空间活用，防止误用，塑造清洁的工作场所。

(3) 开展方法：

- 对现场进行全面检查，将要与不要的物品进行区分；
- 对确认不要的物品，立即处理；
- 对不要的物品带离工作现场或设立放置不要物品的存放场所。

2. 整顿

(1) 原则：科学布局，取用快捷。

(2) 目的：工作场所一目了然，消除寻找物品的时间，工作环境整整齐齐，清除过多的积压物品。

(3) 开展方法：

- 确定整理后保留下的物品；
- 确定物品放置的场所及放置方法；
- 按物品使用的频率，规划放置空间；
- 设定标签和标志进行标识；
- 建立台账管理。

3. 清扫

(1) 原则：清除垃圾，美化环境。

(2) 目的：稳定品质，减少工业伤害。对整理、整顿效果检查与确认。

(3) 开展方法：

- 清除脏污,保持物品最佳使用状态;
- 追查污染源头,从源头解决问题;
- 制定清扫标准,共同遵守实施。

4. 清洁

(1) 原则:形成制度,贯彻到底。

(2) 目的:创造明朗现场,维持整理、整顿和清扫的成果。

(3) 开展方法:

- 物品要清洁;
- 现场作业人员形象要清洁;
- 现场作业人员精神上要同样清洁;
- 不要放置不用的东西(与作业无关的物品);
- 不要弄乱现场摆放的物品;
- 不要弄脏现场摆放的物品。

5. 素养

(1) 原则:养成习惯,以人为本。

(2) 目的:培养有好习惯、遵守规则的员工,营造团队精神。

(3) 开展方法:

- 通过不断宣传、考核与激励等措施,使 6S 活动能持续运行;
- 通过持续的培训交流与成果展示,使员工感受 6S 活动为工作和生活带来的好处;
- 建立团队意识和团队精神。

6. 安全

(1) 原则:安全操作,生命第一。

(2) 目的:建立起安全生产的环境,所有的工作应建立在安全的前提下。

(3) 开展方法:

- 建立安全管理体制;
- 员工教育培训常抓不懈;
- 日常现场巡查,排除隐患;
- 完善应急预案。

7.4 配件管理

配件业务是汽车维修企业日常运营非常重要的环节之一。高品质配件的保证、充足的配件供应、先进的配件运作管理体系是支撑汽车维修企业成为国内行业领先者的坚实基础。

中国汽车后市场配件供应链处于快速发展时期，在过去几年，汽车零部件后市场规模以超过20%的增速扩张，这得益于汽车保有量稳定增加、新车型的加速推出和存量汽车的车龄老龄化。

自2014年以来，政府公布了多项政策以推动零部件管理的标准化和规范化，如《关于促进汽车维修业转型升级提升服务质量的指导意见》《汽车零部件的统一编码与标识》《汽车维修技术信息公开实施管理办法》《关于汽车业的反垄断指南》《汽车销售管理办法》等。在政策层面上，中国汽车后市场逐步放开，规范流通配件和分级，以提升流通效率并打破零部件供应垄断，复制授权体系以摆脱目前维修行业仍需大程度依赖整车厂的局面，引入更多样的服务提供商参与竞争。

在配件供应环节上，法律明确规定了同质配件在后市场的合法地位，通过供应商多元化，零配件及维修技术的透明，允许更多高质量的零配件进入市场，丰富市场配件供应图谱。而零配件库存量的增加，对后市场零配件流通企业和维修企业进行配件管理的准确性和有效性提出了更高的要求。同时，数字化、互联网式的配件管理体系应运而生，网络平台的商业模式更减少了流通环节，提高了信息透明度，使整体配件供应体系扁平化。

7.4.1 配件管理规范

配件管理工作很大程度上影响着整个维修业务的运行：

- 如果配件库存过大就会降低配件的周转，形成库存积压，增加财务费用，带来潜在的运营风险；
- 如果库存过低，不能保证配件的供应，就会影响一次修复率和客户满意度。

这是配件管理中始终存在的一个矛盾。而进行配件管理就是通过对配件库存数量、种类的有效合理规划，从而达到配件的科学运营管理，促进维修业务的提升。

为了向消费者提供优质、安全的产品和优质服务，保持维修企业的客户口碑效应和高品质的统一形象，各维修企业应围绕以下几点制定并遵守规范：

- 贯彻向客户(主要是终端车主)提供优质的产品及服务的基本原则，并落实岗位责任和奖惩措施，宁可损失利润也不能失去信誉；
- 制定优选品牌配件清单和可信赖配件供应商清单，并由采购人员和主管进行审核，审核通过后释放到采购系统；
- 除非特别授权，维修企业不得销售或使用任何使用过的、二手的或翻新的产品，无论该产品在全新状态时是否被授权在本企业进行销售或使用。
- 不得销售假冒伪劣产品。

7.4.2 配件管理基础知识

汽车售后维修配件是指构成汽车整体的各单元及服务于汽车的产品，按照不同的划分标准，配件分为不同的类型。根据维修保养的特点，可以分为保养件、易损件、维修件和事故件四大类。

1. 保养件

根据保养要求进行替换，通用性高，技术要求相对较低，例如机油、滤清器(燃油滤清器、机油滤清器、空气滤清器、空调滤清器)。保养件占后市场配件年度总额的17%(2016年罗兰贝格统计)。

2. 易损件

根据行驶里程要求进行替换，通用性较高，技术要求高于保养件，例如轮胎、蓄电池、雨刮片等。易损件占后市场配件年度总额的19%(2016年罗兰贝格统计)。

3. 维修件

也称为故障件，配件设计的生命周期较长，但存在故障的可能性，因而在发生故障时进行维修或更换，通用性较低，技术要求也更高，例如转向机、起/发电机、点火系统、变速箱等。维修件由于单价较高，且更换较为频繁，占后市场配件年度总额的41%(2016年罗兰贝格统计)。

4. 事故件

主要在事故后进行更换，通用性低，技术要求高，例如大灯、保险杠、A柱等。事故件占后市场配件年度总额的23%(2016年罗兰贝格统计)。

根据配件品质，按照生产企业、配件标识和质量，配件可以分为原厂件、OES件和品牌件三大类，见表7-2。

表7-2 配件品质分类

	原厂件	OES件	品牌件
分类	主机厂授权配件	非主机厂授权配件	非主机厂授权配件
定义	由主机厂或授权配件商生产，具备主机厂标识、主机厂质量，价格最高	由授权配件商生产，具备授权配件商标识，与原厂件同等质量，价格低于原厂件20%～30%	由非授权配件商生产，具备生产商标识，质量水平参差不齐，价格低于原厂件50%以上
市场配件占比(2016年罗兰贝格统计)	23%	10%	67%

为了方便维修企业的配件管理，可以将主流配件进行类别划分，见表7-3。

表 7-3　主流配件划分

发动机	底盘	电子电器	车身	油品&化学品	其他
发动机垫片及缸盖	传统系统	启动和充电系统	车身及配件	油品	汽车用品
曲柄连杆机构	变速箱	暖风空调系统	雨刮&清洁喷水系统	汽车美容	非汽车产品
正时控制系统	离合器	照明系统及配件	车身内饰件	汽车养护	汽车改装
皮带和驱动装置	制动系统	开关	其他标准件	油漆及辅料	其他产品
冷却系统	转向系统	传感器		其他化学品	
润滑系统	行驶系统（悬架/减震系统）	中控门锁安全系统			
燃油供应系统		仪表			
点火系统		其他电器配件			
进气和增压系统					
排气系统					
滤清器					

7.4.3　配件仓库管理

1. 仓储区域的确定和划分

良好的仓储环境和条件是开展正常仓储管理工作的基础，在维修企业建店之初，就需要对配件仓库的仓储区域进行规划。

按照配件的分类将仓储区域划分为有独立分隔的区域场地和空间，分别用于维修保养常规配件存储、碰撞件配件存储、油品储存和化学品（危险品）的储存，同时还要规划专用工具设备的仓储区域。每个仓储区域面积大小视整个基建设施和预估维修量来配置，并能保持仓储库存的正常运转。

按照仓储安全管理规范，油品、化学品（危险品）应该设置单独库房存放，如果维修企业条件不支持，要在常规库房规划单独的仓储区域进行存放，并且进行特殊标识和规范管理。

2. 配件仓库货位设置管理

货位管理坚持“物有定位”原则，坚持做到仓库内所有配件均定位存放，每一种配件都具有唯一的货位编码，方便配件的出入库管理及管理人员的查找。

配件货位编码的构成方法为：区域编码＋货架编码＋层数编码＋位置编码。

（1）各代码之间用短横线区分间隔。

（2）区域编码用大写英文字母表示，例如A区、B区、C区。（区域的划分可以按照之前的配件类型进行标识，如保养类、钣喷类；也可按照物理区域位置划分，如分割区域或楼上楼下等。）

（3）同一个区域内的货架用同一组流水号表示货架编码，本区域内货架编码由外向内依次排列，例如A区01号货架是A—01，A区02号货架是A—02。

（4）同一个货架用同一组流水号表示货架层数，货架层数应从上到下依次排列，例如A—01货架有四层，最上面一层是A—01—01，最下面一层是A—01—04。

（5）货架的同一层用同一组流水号表示本层位置号，本层位置号从左到右依次排列，例如A—01—04这一层位置号从01到20号，那么03号位置的编码就是A—01—04—03。

（6）为便于查找，在货架号编制上还可以按照左单右双的原则，也就是面朝门口在主通道上，左手边的货架全部是单号，右手边的货架全部是双号。

3. 拣选方式和储存方式

（1）拣选方式

维修企业的运营模式决定了仓储拣选方式为基于单一订单需求的摘果式人工拣选方式，且拣选原则采取根据入库时间FIFO（先进先出）原则，特殊带有效期的化学产品需额外注明到期日，以到期日的远近作为第一拣选原则。

（2）储存方式

基于维修企业门店的基建规模，一般仓储区域均不会很宽裕，为充分利用仓库空间并提高库容利用率，货架是不二的选择。（当然，如果场地富裕，可以采取货架与平面仓相结合的储存方式，货架用于存放重量较轻、不宜重压叠放、体积规整的配件；平面仓采用托盘和搁架用于存放重量和批量较大或体积不规则的配件，如大桶装油、防冻液或车身异型件。）

正常情况下，货架采用匹配货架层板尺寸的标准储物盒进行货位划分并进行货位编号，同时在储物盒标签对应位置插入对应编号的货位标签；特殊情况时，需存放不规则或超长超宽配件的，可以集中在一个或数个货架上，不放置储物盒，根据配件的尺寸划分出特殊尺寸的货位，并在层板对应位置上编号。所有编号需保证唯一性且有一定编码规则，以便在实际操作中快速查找并定位。

4. 仓储管理要求与配件存放技巧

（1）仓储管理要求

- 配件仓储管理要遵循货架分区、货物分类、货位编号等原则。
- 使用频率高的配件放在仓管人员容易操作的地方，一般设在中间层，并靠近通道和发货区域。
- 场地允许或富裕的情况下，在确保底层配件包装不变形和码放的安全性下，相同配件可以堆垛叠放，堆垛码放时备件标签一律朝外，不得倒置。堆垛与内墙的距离不得小于 0.3 米，货堆与柱子之间不得小于 0.1 米，货堆相互之间一般为 0.5 米，货架相互之间一般为 0.7 米，库外存放时堆垛与外墙距离不得小于 0.5 米。

➢ 任何产品需遵从制造商的搬运和储存要求。

(2) 配件存放技巧

➢ 轮胎不得堆放，必须按照贮存要求避免阳光、高温、潮湿、油类、化学药剂等，使用专用轮胎架摆放（轮胎存放需特定的有倾斜角并带保护垫的货架）并定期转动。

➢ 车门、机器盖、减震器等应按安全指示标签要求保持竖直放置，不得水平放置，条件允许时尽量使用原包装。

5. 安全管理

安全是配件仓库管理的基础和保障，配件仓库安全管理要做到以下几点：

(1) 防火，配件仓库油品等易燃品较多，要做好防火工作。

(2) 防水，在雨季要做好仓库防水工作，避免配件被雨水浸泡。

(3) 防电，对库房线路经常性检查，防止漏电现象引发火灾。

(4) 防盗，上下班对库房门窗进行检查，规避偷盗事情发生。

(5) 危险品、易碎品等配件的安全管理。

7.5 配件采购及库存管理

7.5.1 配件采购管理

配件的采购管理是指为保障售后配件供应而对企业采购活动进行的管理。其目标是在确保质量的前提下，能够以适当的价格，在适当的时期，从适当的供应商那里采购到适当数量的配件。

维修企业内由采购部门牵头，整合优选产品清单，定义常用零配件的优选品牌、号码和对应的供应商清单，使各业务部门能从烦琐的配件供应工作中解放出来，以集中精力提高自身的维修服务能力和质量。维修企业需要执行严格的供应商审核认证，确保配件质量和来源，审核通过后在采购系统中释放供应商清单。

各维修企业在日常维修服务中，通过店面运营管理系统中检索到匹配的配件型号后，可以直接找到对应的供应商（需已在系统释放的供应商数据库中）并下达采购订单，在得到供应商服务端口的订单确认后，配件的递送和相关服务会在约定的时间内完成。

对于未包含在系统中的配件服务需求，维修企业需要建立零散订单采购流程来灵活应对，根据自身的业务需要和地区差异在当地寻找合适的供应商，但需保证其提供的配件和服务满足企业的质量要求，在必要时需根据要求向企业管理层报备。

根据年度汇总统计，零散采购部分的总采购金额应不超过维修企业年度零配件采购额的 10%。零散订单满足了快速响应和应急配件供应的要求，同时也给企业带来维修质量风险和采购成本的增加，因此超过警示线需要采购分析采购内容和来源，并根据供应商审核认证流程释放到数据库中。

建议企业建立供应商的年度审核制度。对系统中已释放的供应商需要每年审核其服务表现，以多种方式进行考察（如问卷调查、数据核对、实地拜访等），作为供应商评审的依据。对于抱怨较大、服务能力跟不上且评审不合格的供应商，定期作清退处理，并将相关信息在系统中清除。

1. 配件订单计划制订

科学合理的配件订单计划，不仅能保证日常维修作业的配件需求，提高配件供应率，从而保障一次修复，提升客户满意度，而且能避免配件漏订、错订等情况的发生，加快配件周转，避免形成呆滞库存，保证库存资产的优化和财务资产的安全。因此，配件订单计划的制订是非常重要的一项工作。

（1）配件订单计划制订的基础和依据

➢ 配件任务目标：在制订配件订单计划时要充分考虑配件任务目标，预测计划任务目标的达成情况，同时应该将年度、季度、月度任务目标分解，保证任务目标达成；
➢ 配件运营数据分析预测：各品类、每项配件的历史周期出库频次，客户的配件订单需求，季节性、促销活动的备货需求，这些数据都是为配件订单计划的制订提供参考依据的，从而指导配件的合理采购；
➢ 资金状况：配件计划是由一线业务岗位的配件计划员来制订的，是从维修业务的需求角度考虑，但是要与财务部门做好沟通，特别是大批量或大金额采购时，应该落实确认财务的资金状况是否支持。

（2）配件订单计划制订的关键要素

➢ 现有库存数据；
➢ 在途配件数据；
➢ 订单需求数据；
➢ 配件平均出库频次；
➢ 订单订购数量；
➢ 订单周期。

（3）配件订单计划需求来源

➢ 订单需求：客户订单、索赔订单、事故订单、其他订单；
➢ 常规需求：常规维修作业需求、各类配件安全库存需求；
➢ 市场需求：服务营销活动需求、季节性配件需求；
➢ 任务需求：任务达成需求、商务政策奖励阶梯需求。

2. 配件订单种类及结算方式

（1）配件订单种类

- 常规订单：维修企业可以根据自身的业务需求和库存情况订购正常备货，常规订单的时间规定基于供应商正常的送货，由配件供应商负责安排配件的发送运输，运费由配件供应商承担；
- 紧急订单：维修企业在紧急情况下为满足维修需要而进行的紧急订货，配件供应商需按照要求时间将产品送达，运费由门店承担；
- 两种类型订单都可随时在系统提交。

（2）结算方式

所有订单的货款结算方式可以在店面运营管理系统中设定，建议为月结方式，具体付款条件需要维修企业和供应商共同协商确定。

3. 配件订购流程

配件的订购流程如图 7-5 所示。

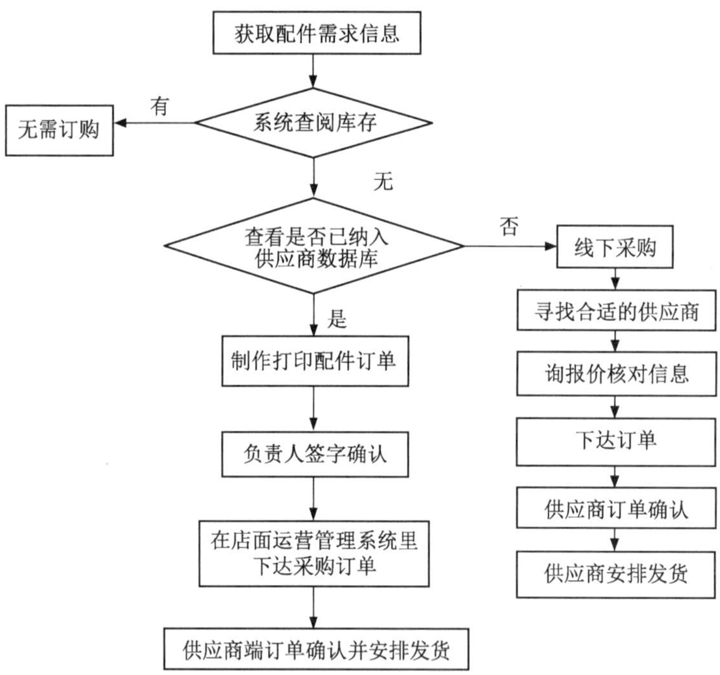

图 7-5　配件订购流程

7.5.2　配件入库管理

配件的入库作业流程应遵照如下步骤：

（1）接收准备：配件库操作人员在接到供应商到库通知后，应提前做好相关准备工作。包括收集和熟悉相关订单信息和交付验收标准，准备相关装卸搬运设备、工具和材料，配备相应人力，确定存放地点。

（2）核对资料：核对相关的到货通知单、发货明细或装箱单，匹配待收货订单号、订单数量和价格，查对相关的质保证书。

(3) 检验实物：根据送货单、待收货订单，仔细核对送交配件的品种、型号、数量、价格(如有)，同时通过目视检查产品外包装状态是否完整，如有疑问，可以开箱点验。对有特殊质量要求的或易变形的产品，需对照相关质量要求进行验收。对液体类或有保质期的产品，需重点检查是否有泄漏及效期的远近。

(4) 办理入库：将可以接收的配件产品放入预留的存放货位，并记录货位号。同时在店面运营管理系统中根据实际接收的品种、数量和价格，并关联对应的货位号后，作收货入库处理，生成库存，店面运营管理系统会自动比对待收货订单数量和实际收货数量，如相同，系统会自动关闭订单。

7.5.3　配件出库管理

1. 配件出库原则

(1) 配件出库管理应遵循先进先出原则，保证配件周转处于良性循环。

(2) 配件出库由配件管理员负责，配件经理监督，其他人员无权进行配件出库发料。

(3) 配件出库需严格遵循见单发货原则，并严格按照单子内容发料。

(4) 必要时还要遵循以旧换新原则。

(5) 配件管理员发料出库时必须再次核对出库配件型号、数量、车型信息是否与领料单(销售单)一致。

(6) 配件管理员应要求领料人在出库单上签收(姓名、时间、工单号等)。

2. 配件出库流程

配件的出库作业流程应遵照如下步骤：

(1) 接收出库指令：配件库操作人员需仔细核对出库指令(领料单或直接销售单)，明确客户或车间所需要的配件型号和数量。

(2) 系统拣选：根据明确的配件型号和数量需求，在店面运营管理系统的库存管理模块中查找对应的库存和货位(系统将按预先设置的拣选原则提供优先的拣选货位)。

(3) 备货：如果有足够的库存，根据系统提供的货位信息，按需求指令在对应库位上以目视管理方法拣选相应数量的配件放入待发区；如无足够库存，则第一时间进入采购流程，发出采购订单指令，并约定交付时间。对于需常备的库存品种，则在需求数量的基础上还要加上常规库存量。

(4) 出库交付：在全部拣货完毕后，需根据出库指令对在待发区的货品进行复核，复核完毕后将相关配件产品交付领料人员，并要求领料人员在交接的同时仔细清点后在相关出库单据上签字确认。配件管理人员根据签字的出库单据稍后在系统中完成出库确认。

7.5.4　配件库存管理

库存是指供应链中一切闲置的、用于未来的、有经济意义的资源，它是维修企业及时满足客户需求、应对需求波动的重要措施。从经营过程的角度，可以分为以下几类：

(1) 常规库存：指企业在正常的经营环境下为满足日常需求而建立的库存。

(2) 安全库存：指为了防止由于不确定因素而准备的缓冲库存。

(3) 季节性库存：指为了迎接季节性消费高峰而提前准备的库存。

(4) 促销库存：指为了应对促销活动产生的预期消费增加而建立的库存。

(5) 呆滞库存(也称沉淀库存或积压库存)：指因配件品质变坏而失效的库存或长期滞销的库存。

维修企业的库存对更好地服务于客户起到积极作用，但同时也对企业运营中资金占用、场地和人力资源的消耗造成了压力。故如何控制库存、优化库存，使有限的资金和资源投入产生更大的效益，是摆在每个维修企业面前的现实问题。

维修企业的配件库存管理和控制就是以最佳的方法控制配件库存的种类和数量，简而言之就是明确库存什么配件、库存多少配件。

1. 配件分类管理

由于汽车配件的流动具有明显的倾向性，通常可以根据历史销售记录和近期预计的市场情况来确定库存配件的品种和数量变化。

(1) 按特性分类

配件按特性不同，可分为保养件、易损件、维修件、基础件和事故件。由于保养件和易损件在实际服务中需求量较大，且客户能忍耐的等待时间也较短，所以必须备库存，以免造成客户流失。

(2) ABC 分类管理

ABC 分类管理的优点是帮助维修企业将有限的资源集中在为企业产生 80%收入的 20%物资管理上。维修企业可以按照上一年销售量排行榜，再依照订货所需时间和到货时间内的销量划分等级，制订最高或最低安全库存量。等级可以用 3 个月滚动销售数量排行榜进行调整。

A 类：产品品种数量占经营维修产品总数量的 5%，但与 80%的经营活动有关，必须保证有库存。

B 类：产品品种数量占经营维修产品总数量的 15%，与 15%的经营活动有关，针对部分重要品种常备库存。

C 类：产品品种数量占经营维修产品总数量 80%，但只与 5%的经营活动有关，可以有需求才订购。

2. 配件库存总量控制

在配件库存管理中，为了保证正常业务的配件需求，同时控制配件库存处于合理水平，需要对配件的储备库存总额有一个合理测算。配件储备库存总额测算的依据主要是基于该维修企业的运营目标业务计划、配件历史经营数据分析(供应率、周转率等)和市场季节性变化等因素。

3. 配件库存盘点

配件库存盘点是指定期或不定期对库存的配件型号及数量进行核对，清点实存数，查对系统或账面数。通过盘点，彻底清查库存数量已有或隐蔽的、潜在的差错事故，发现在库配件的异状，及时抢救、减少和避免损失，做到账实相符。

（1）库存盘点方法

- 期末盘点：是指在规定的周期末对库存的所有配件都进行盘点，如月末或年末盘点。
- 循环盘点（抽查盘点）：是将每天或每周作为一个周期或针对某些特定的库存品种在某段时间重复所进行的盘点。
- 明盘：先由系统或账册汇总出配件型号、数量、货位等信息，盘点人员根据汇总信息按一定规律（如货位排列）逐一进行盘点，避免重复或漏盘。其优点在于盘点的当时就能了解盘点差异，查找原因，且盘点速度较快。
- 盲盘：其与明盘的区别在于汇总信息不提供数量信息，需盘点人员现场查对、开箱点数。其相比明盘的优点在于可以避免先入为主的习惯性思维，发现平时容易忽略或被包装掩盖的隐蔽性数量错误；其缺点在于费时费力，且需在盘点结束与系统或账面数量核对后才能发现盘点差异。
- 日动态盘点：是指配件管理员每天对于有收发动态的配件进行盘点。

（2）盘点盈亏处理

- 合理损耗：对于允许有合理损耗的产品，凡在合理损耗范围内，由配件管理人员填写对应申报单，批准后报财务部门核销。
- 盈亏和调整：在盘点中发现差异，应反复核实，确认存在差异后，需查明原因，明确责任，并落实改进措施和处罚意见。同时由配件管理人员填制盈亏报告单，报批后交财务进行账务处理。
- 报废或过期失效：由于储存时间过长、保管不善或内部流转时操作不当，造成配件破损、过期、变质、锈蚀、浸水，从而失去部分或全部使用价值，或因技术更新而淘汰报废的，经相关技术或质量鉴定认可后，由配件管理人员填制报废单，报批后交财务进行账务处理及残值回收。
- 所有实物库存处理后需同时调整系统数据。

7.6　配件营销及保修管理

7.6.1　维修企业配件定价建议

维修企业应在店面运营管理系统中设定各配件的建议零售价，在结合本地区的物价水平、管理成本、人员工时成本等因素综合考虑后，参考建议零售价来制定并确定各工项及相关配件对终端车主的价格。

如果维修企业有多家门店或加盟店，则应鼓励同一地区或同一城市各门店制定统一的对终端车主的服务及配件价格，以体现维修企业各门店或加盟店连锁服务水平及价值体现的一致性。

7.6.2 零售配件营销

1. 配件营销的目的

通过配件营销加快配件周转，提升配件销售业绩，特别是加快呆滞配件的消化。

2. 配件营销方式

(1) 配件促销：对一些特殊配件进行变相的打折销售。

(2) 员工激励：对于一些呆滞件，为了加快销售，对员工给予一定激励，促进对呆滞件的销售。

(3) 组合营销：将一些特殊配件与常用配件进行组合销售，提高特殊配件的销售概率。

3. 配件营销推广

(1) 对目标客户进行电话邀约。

(2) 对目标客户进行短信宣传。

(3) 对营销活动进行广告宣传推广。

(4) 客户进店时进行宣传告知，例如在客户休息室放置宣传海报等。

4. 配件营销目标客户的确定

在开展配件营销活动时，一定要根据参与营销配件的种类、型号等信息，精准地找到合理的目标客户群体，实施精准营销。切忌简单通过短信或其他方式通知所有的保有客户，这样的活动缺乏针对性，会严重影响活动效果。

7.6.3 呆滞库存处理

1. 呆滞库存产生的原因

(1) 人员因素：由于配件订购人员与其他岗位人员在业务沟通或信息传递时，看错、写错、听错配件名称、编码、车型等信息造成的订购错误和出入库错误。

(2) 不同岗位或不同人员对同一业务需求配件重复订货，客户订货后退订。

(3) 配件订购人员专业性不够，业务系统操作不熟悉。

(4) 技术人员故障配件判断错误造成订购错误。

(5) 信息或程序错误：车型匹配信息错误，事故车定损信息不准确，事故车定损后未等保险公司批复或未与车主确认即事先订货等。

(6) 管理问题：未按照配件库房管理规范做好管理与规划，造成配件质损、过期不能使用，库存数据不准确，有存货配件重新订购等。

2. 呆滞库存的处理

(1) 数据统计：首先要统计出呆滞库存配件的详细数据，通常是连续 12 个月以上无销售(使用)的配件，排除因季节性使用原因入库的配件。

(2) 信息共享：统计的呆滞库存配件数据信息要让配件经理、车间主任、前台主管、客服经理和运营经理等部门负责人了解掌握，以便跟进处理。

(3) 根据呆滞库存配件信息制定对应的处理措施：

➢ 打折促销。

➢ 针对不同类别呆滞件开展服务营销活动。

➢ 提高服务顾问及技师等岗位员工销售呆滞配件的激励标准。

➢ 周边维修企业呆滞配件信息共享，互相调拨消化。

➢ 认真考虑报废，以提高周转率，并提高库房利用率。

7.6.4 服务包套餐营销

服务包套餐营销是一种整合营销方式，一方面能够为客户提供更加优惠的产品和服务项目，让客户花费更少的成本获取更多的产品和服务，从而获益；另一方面能够让维修企业销售更多的产品和服务，提高客单价和维修产值，还能提高服务顾问的工作效率和准确性。

在维修企业的门店中，通用服务包套餐一般采取“灯箱菜单”的表现形式陈列，以使终端车主对症下药，明白消费，同时也减轻服务顾问相关的介绍和引导。维修企业应基于车辆行驶里程数的理念来定义服务包套餐，在不同里程的套餐包中分别对应不同维修保养项目和整合不同品类产品，同时设置相关工项工时、检测项目、设备配置要求、成本估算等内容。这样，在客户进店时基于客户车辆的行驶里程数就可以直接从系统打开对应的维修保养套餐，既能提高服务顾问的工作效率，也能保证报价的准确性。

7.6.5 配件保修管理

维修企业的配件保修索赔流程及条款需参照各零部件生产企业的规定，企业的店面运营管理系统信息要随着与配件供应商的政策变化而随时更新细化。

7.7 配件 KPI 指标管控

配件 KPI 指标是反映诊断配件业务运营管理状况的重要指标，具体见表 7-4—表 7-10。

表 7-4　配件供应率

定义	配件供应率是指在维修作业中，配件库存能够满足客户维修配件需求的比率
公式	配件供应率 =（总工单数量 − 缺件工单数量）/总工单数量×100%
分析与管控	配件供应率会影响到车辆的一次修复率，没有需要的配件，就无法完成维修作业，无法确保车辆的修复，从而会影响客户满意度
举例	某维修企业某月份的总进店台次是 500 台，其中有 38 台车辆的维修配件需求配件库存不能满足，那么，该维修企业该月份的配件供应率是(500 − 38)/500×100% = 92.4%

表 7-5　配件周转率

定义	配件周转率是指一定时期内配件销售出库成本与存货平均余额间的比率
公式	配件周转率 = 当期配件销售出库成本金额/[(期初配件库存成本金额 + 期末配件库存成本金额)/2]×100%
分析与管控	配件库存周转率体现了仓库的有效库率，周转越快资金回笼越快，库存成本降低，流动资金创造的价值就更多，还能降低财务费用。 供应率和周转率是存在一定内在矛盾的，要想提高供应率就要有足够的库存支持，而库存过高就会影响周转率，所以要合理地把握二者的平衡，需要配件管理人员科学合理地管控库存配件的种类和数量
举例	某维修企业某月份配件出库成本总额是 10 万元，月初库存成本金额是 22 万元，月末库存成本金额是 23 万元，那么，该维修企业该月份的配件周转率是 10/[(22 + 23)/2)]×100% = 44.4%

表 7-6　配件呆滞率

定义	配件呆滞率是指 12 个月内呆滞配件的金额(数量)与配件库存总金额(数量)的比例
公式	配件呆滞率 = 呆滞配件金额(数量)/配件库存总金额(数量)×100%
分析与管控	配件呆滞率过高，会给配件库存管理带来一定的风险，同时还会占用资金，增加财务费用
举例	某维修企业配件库存总额 30 万元，其中连续 12 个月未有销售出库记录的配件金额合计为 2.7 万元，那么，该维修企业的配件呆滞率是 2.7/30×100% = 9%

表 7-7　工单平均配件销售额

定义	工单平均配件销售额是指一定周期内，维修企业每个维修工单的平均配件销售额
公式	工单平均配件销售额 = 周期内配件销售出库金额/周期内工单数量
分析与管控	指标过低说明客户车辆状态良好，没有大的故障和问题，也可能是服务顾问没有很好地引导客户消费，销售能力较弱； 指标过高，说明客户的车辆维护成本高，没有新的客户进店，而老客户随着车辆使用周期的延长，使用成本变高，还可能是服务顾问过度销售，影响客户满意度

表 7-8　配件采购任务完成率

定义	配件采购任务完成率是指一定周期内配件采购金额(数量)与配件任务金额(数量)的比率
公式	配件采购任务完成率=配件采购金额(数量)/配件任务金额(数量)×100%
分析与管控	用于维修企业跟进管控任务的达成状态

表 7-9　配件采购类别比例

定义	配件采购类别比例是指不同类别配件采购的金额或数量占总采购金额或数量的比例
公式	配件采购类别比例=某类别配件采购金额或数量/总配件采购金额或数量×100%
分析与管控	帮助维修企业分析店内各类配件销售出库的比例,为配件采购提供数据分析参考

表 7-10　配件销售出库毛利率

定义	配件销售出库毛利率是指配件销售出库毛利与配件销售出库收入的比例
公式	配件销售出库毛利率=配件销售出库毛利/配件销售出库收入×100%
分析与管控	了解掌握配件销售的毛利水平,保证配件运营在正常状态下

第 8 章

维修企业的人力资源和财务管理

8.1 维修企业的岗位人员配置

各汽车维修企业所在的市场规模、投资者资金状况、门店盈利能力及投资回报周期等因素各有不同，建议企业投资人根据实际情况将门店设置不同级别。依据门店的级别标准设定门店的经营目标，并通过合理设定岗位人员，建立完善的维修企业组织架构，确保经营目标实现。因此，可以针对汽车维修企业的门店等级制定对应的组织架构模型。

（1）维修企业各门店应该根据投资人的标准要求，建立组织架构。

（2）为每个岗位设定岗位职责和任职要求。

（3）根据维修企业各门店经营目标规划，确定每个岗位的具体人数，但不能少于标准要求的最低人数。

（4）随着维修企业门店业务量的增加和规模的扩大，应根据情况适时增加人员数量，以满足业务需要并保证工作质量。

8.2 人力资源需求制订及岗位说明书

8.2.1 基于市场和运营目标分析的人力资源需求制订

1. 人力资源需求

对于维修企业来讲，人力资源需求主要基于运营目标和人员产能两个因素。运营目标依据市场分析制订年度运营计划，而人员产能依据维修企业门店人员产能历史数据分析制订行业参考标准。我们以案例来做更加具体清晰的说明。

某汽车维修企业根据市场分析和历史经营状况分析，制订了未来年度的运营计划目标，其中核心目标如表 8-1 所示。

表 8-1 核心目标

进店维修台次(台次)	产值(元)	运营费用(元)	……
6 000	3 000 000	840 000	

基于上述运营目标，该维修企业的人力需求如何计算？

根据运营目标计划，该维修企业的月均进厂台次是 500 台/月，而在人员产能分析上我们以服务顾问和技师两个岗位为例。

经过对历史数据的测算，该汽车维修企业服务顾问的月均接车台次是 210 台/人，行业平均参考数据是每名服务顾问月均接车 200 台，参考两个数据指标，未来年度将服务顾问的月均接车台次设定为 210 台/月，而运营计划是 500 台/月，服务顾问岗位的人力需求数量 = 500 ÷ 210 = 2.38 人。

在此基础上，考虑到人员休班等特殊情况的存在，该汽车维修企业应该配备 3 名服务顾问。如果人员过多会造成工作效率低下，人力成本浪费；反之，人员少了会影响正常业务的开展，影响客户接待质量和客户沟通效果，从而影响客单价产值和客户满意度。如果该维修企业目前只有 2 名服务顾问，那么，在人力资源需求计划中，就需要在服务顾问岗位有 1 人的招聘计划。

同上，我们还可以测算技师、配件等岗位人员的需求计划。

2. 计划制订

根据对各个岗位人员需求的测算，就可以来编制维修企业的年度人力资源需求计划了，具体可参照表 8-2。

表 8-2　人力资源需求计划

岗位	现有人员	人均生产力	未来年度运营目标	未来年度人员需求	人员差异	人员需求
服务顾问	2 人	210 台/月	500 台/月	2.38 人	0.38 人	1 人
保养技工	4 人	70 台/月	500 台/月	7.14 人	1. 43 人	2 人
机修技师	2 人	70 台/月				
钣金技工	1 人	30 台/月	100 台/月	3.33 人	2.33 人	3 人
喷漆技工	2 人	30 台/月	100 台/月	3.33 人	1.33 人	2 人
美容技工	2 人	60 台/月	200 台/月	3.33 人	1. 33 人	2 人
配件管理员	2 人	210 台/月	500 台/月	2.38 人	0.38 人	1 人
客服专员	2 人	270 台/月	700 台/月	2.59 人	0.59 人	1 人
保险专员	1 人					
财务人员	3 人					
洗车工	2 人	270 台/月	700 台/月	2.59 人	0.59 人	1 人
……						
合计	23 人					13 人

注：基于人员的特殊性，是不能四舍五入的，只要超出就要按照多 1 人需求规划。

（1）主要相关标准数据(表 8-3 和表 8-4)

表 8-3　主要相关标准数据

序号	项目	标准	备注
1	事故维修约占全部维修台次比例	20%	店内数据统计结果,因店而异
2	服务顾问接待标准	7 台/人/天	测算数据
3	理赔顾问接待标准	4 台/人/天	测算数据
4	维修技师维修标准	3 台/人/天	测算数据
5	保养技师保养标准(单人保养)	6 台/人/天	测算数据
6	保养技师保养标准(双人保养)	13 台/2 人/天	测算数据
7	钣喷技师维修标准	0.75 台/人/天	测算数据
8	钣喷技师人员匹配比例	2∶3	测算数据
9	客户顾问电话访问标准	30 个/人/天	测算数据
10	机电质检工作标准	30 台/人/天	测算数据
11	车辆清洁工作标准	15～20 分钟/台	测算数据

表 8-4　单人、双人保养日平均产能模型

单/双标准保养日平均产能模型					
维修企业类型	保养工位数	单人保养(人)		双人保养	
		保养技师(人)	最大产能(台/天)	保养技师(人)	最大产能(台/天)
Ⅰ	1	1	6	2	13
Ⅱ	2	2	11	4	16
Ⅲ	4	4	22	8	32

注：单人保养维修技师平均作业工时 60 分钟,双人保养维修技师平均作业工时 40 分钟。

（2）兼职情况说明

- 客户专员(信息员)：月均进店台次 1 000 台以下可兼职,超过 1 000 台信息员不可再兼职。
- 内训师：非技术内训师由服务顾问主管或服务经理兼任,技术内训师由技术总监兼任。
- 钣喷质检员：1 000 台次以下可由服务顾问主管或机电质检员等兼职。
- 车间主任：500 台次以下可由技术总监兼职。
- 机电主管：500 台次以下可由技术总监或车间主任兼职。
- 钣喷主管：1 000 台次以下可由技术总监或车间主任兼职。
- 洗车主管：1 000 台次以下可由指定人员兼职。
- 同一人员不得同时兼任 2 个以上的职务。

（3）岗位人员匹配模型（表 8-5）

表 8-5　岗位人员匹配模型

序号	岗位	人员匹配标准					备注
月进厂台次 n		≤500	500～1 000	1 000～1 500	1 500～2 000	>2 000	
1	服务经理	1 人	1 人	1 人	1 人	1 人	
2	客户专员	1* 人	1* 人	1 人	1 人	1 人	
3	服务顾问主管	1 人	1 人	1 人	1 人	1 人	
4	非技术内训师	1* 人	1* 人	1* 人	1* 人	1* 人	
5	服务顾问	2 人	3 人	4 人	6 人	$n\div381$ 人	$n\times0.55\div30\div7$
6	理赔顾问	1 人	2 人	3 人	4 人	$n\div600$ 人	$n\times0.20\div30\div4$
7	质检员（机电）	1 人	1～2 人	2 人	3 人	$n\div844$ 人	$n\times0.80\div30\div30\times0.75$
8	质检员（钣喷）	1* 人	1* 人	1 人	1 人	$n\div1\,500$ 人	$n\times0.20\div30\div10$
9	技术总监	1 人	1 人	1 人	1 人	1 人	
10	技术内训师	1* 人	1* 人	1* 人	1* 人	1* 人	
11	工具资料员	1* 人	1* 人	1* 人	1* 人	1* 人	
12	车间主任	1* 人	1 人	1 人	1 人	1 人	
13	机电主管	1* 人	1 人	1 人	1 人	1 人	
14	维修技师	4 人	6 人	10 人	14 人	$(n\div348+1)\times2$ 人	$(n\times0.25\div30\div2.9+1)\times2$
15	保养技师	2 人	3～4 人	5～6 人	7～8 人	双人：$2\times n\div531$ 单人：$n\div327$	双人： $2\times n\times0.55:30\div13\times0.75$ 单人：$n\times0.55\div30\div8\times0.75$
16	钣喷主管	1* 人	1* 人	1 人	1 人	1 人	
17	钣金班组	2 人	4 人	6 人	8 人	$n\div281$ 人	$(n\times0.20\div30\div0.75)\times2\div5$
18	喷涂班组	3 人	6 人	9 人	11 人	$n\div188$ 人	$(n\times0.20\div30\div0.75)\times3\div5$
19	洗车主管	1* 人	1* 人	1 人	1 人	1 人	
20	洗车班组	2 人	3 人	4 人	5 人	6 人	
21	市场客户经理	1 人	1 人	1 人	1 人	1 人	
22	客户专员	1 人	2 人	3 人	4 人	$n\div500$ 人	
23	保险顾问	1 人	1 人	1 人	1 人	2 人	

注：1. * 号表示可以兼职。
2. 加灰底职位为兼职人员，视业务发展来定岗位。
3. 以上计算结果有小数部分均需进位取结果。

考虑维修企业每天流量、每周流量规律以及人员轮休、技能的熟练程度等要素，可以考虑在标准人员配置的基础上保持20%的储备。

3. 人力资源成本预算

以服务顾问岗位为例，测算1名服务顾问的年度成本。

服务顾问年人力资源薪酬成本 = 底薪×12 + 年度绩效，假设底薪是5 000元/月，那么年度底薪就是60 000元，关键是年度绩效的测算。

前面我们提到该维修企业的运营目标是6 000台次，产值300万元，规划服务顾问是3名，那么平均每名服务顾问的接车台次是2 000，产值是100万元，假如该服务顾问的绩效是提取产值的3%，那么他的绩效工资就是100万元×3% = 30 000元。

那么，该服务顾问的年度人力薪酬成本 = 60 000 + 30 000 = 90 000元。

8.2.2 维修企业岗位说明书

岗位说明书是人力资源管理中最基础的文件，是对工作分析的最终结果，又称为职务说明书或职位说明书，是通过工作分析过程，用规范的文件形式对组织内各类岗位的工作性质、任务、责任、权限、工作内容和方法、工作条件、岗位名称、职种职级以及该岗位任职人员的资格条件、考核项目等做出统一的规定。

编制岗位工作说明书的目的，是为企业的招聘录用、工作分派、签订劳动合同以及职业指导等人力资源工作，提供原始资料和科学依据。

岗位说明书清晰地告知员工应该做什么、怎么做、做多少，是指导员工工作开展的标准规范。企业可以根据自身的实际现状做相应调整，并且在企业发展的不同时期，应该对岗位说明书进行不断地更新和完善。

8.3 招聘及培训管理

招聘是人力资源管理的经常性工作，同时也是一项复杂的工作。如果招聘无计划，盲目招聘，就不能保证员工队伍的素质，甚至会给企业带来经济上的损失。

8.3.1 招聘管理

1. 招聘的目的与要点

（1）目的与执行人

- 通过人员招聘工作，吸引维修企业发展经营所需要的优秀员工，充实和优化企业的人力资源，实施人力资源规划；
- 确保企业日常运营对人力资源的需求，保证日常业务的正常开展；

➢ 招聘工作由人事行政经理负责。

(2) 执行要点

➢ 根据部门年度用人需求，制订与企业规模相适应的人员招聘计划；
➢ 应遵循组织机构及岗位描述的要求开展招聘工作；
➢ 制订合适的招聘流程和选拔工具；
➢ 建立初步筛选、候选人评估、部门面试、健康检查等层层选拔的科学的评估体系；
➢ 员工聘用必须遵从国家和地方劳动法规；
➢ 定义关键岗位，如总经理、店长等，关键岗位人员信息和人员变动，必须经企业管理层审议；
➢ 依照法律规定，钣金工、喷漆工和质检员属于有害工种，在入职和离职前应完成职业病健康体检，其他员工在入职前应做普通体检，维修企业根据业务量需要决定是否需要有专职的调漆工。

2. 招聘流程(图 8-1)

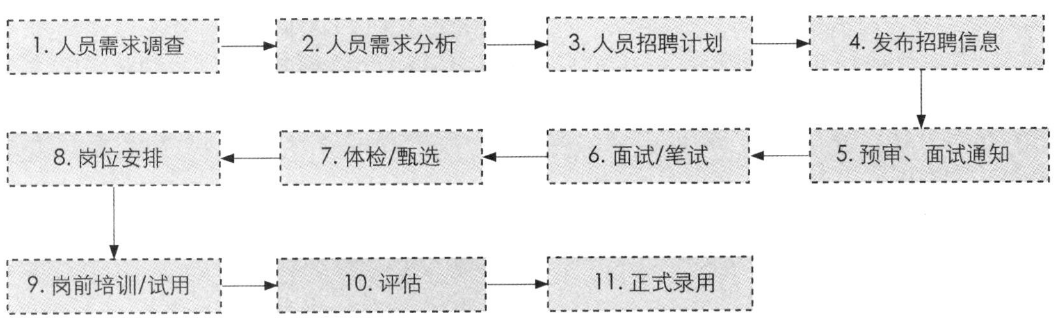

图 8-1　招聘流程

3. 招聘渠道

(1) 网站

维修企业可以通过当地的人才信息网之类的区域性网站，发布招聘信息。

对于一二线城市，还可以考虑在全国性网站发布信息。

(2) 校企合作

维修企业可以考虑与当地的交通类院校建立长期的校企合作模式，维修企业技师可以为学校提供一些专业培训，提供就业机会；学校为维修企业提供对口生源。

这样的合作，既能够降低维修企业人力资源招聘成本，也能够招聘到更加专业的、高质量的人才。

(3) 人才市场招聘会

维修企业要按照招聘计划，有规划地参加当地的人才市场招聘会，收集到更多的应聘人员信息，为维修企业的人员招聘提供更多的选择。

（4）内部介绍

可以通过维修企业内部员工推荐介绍，员工是最了解企业的，他们在推荐企业时，更容易让应聘者产生对企业的信任和好感，这种渠道招聘到的员工稳定性会更好。

（5）其他渠道

维修企业可以根据当地人才市场特点，结合企业实际需要，拓展其他的一些招聘渠道，为企业吸引更多的专业优秀人才。

4. 招聘要求

（1）岗位标准模型

岗位标准是指能有效担任岗位工作所必须具备的行为、知识、经验和能力等。要想招到理想的适才人选，首先就要为招聘岗位设定规范标准，指导招聘工作。我们以运营经理岗位为例，具体内容见表 8-6。

表 8-6　岗位标准案例

知识： 企业愿景/发展规划 行业知识 竞争对手的产品与服务 企业组织/部门/主要服务 产品销售服务流程 人员管理 ……	行为能力： 打造高效团队 指导提高绩效 制定决策 计划与组织 持续学习 授权 ……
经验： 管理指导他人的经验 招聘的经验 管理的经验 营销的经验 客户管理的经验 ……	工作动力： 喜欢有挑战的工作 乐于指导他人 喜欢学习创新 不怕压力和冲突 格局与视野 ……

（2）其他要求

- 岗位说明书是进行员工招聘工作的依据和基础，要依据岗位说明书内容执行。
- 技术工人（机修工、钣喷工）需要有品牌销售店或独立维修站的工作经验。
- 50%以上的技工应该具备国家中级职业资格证书（蓝本），100%的技工应该具备国家初级职业资格证书（蓝本）。
- 机修工需要具有修理不同品牌不同车型的经验，并接受过相关主机厂或销售店或综合性修理厂的正规培训。
- 钣喷工需要接受过与采购的同品牌的设备供应商的培训。
- 由于维修企业与品牌销售店的经营模式大不相同，配件部门员工应熟悉当地独立售后市场价格和渠道，了解来自可靠供应商的主要配件，并具备识别真假配件的技能。

8.3.2 培训管理

1. 培训管理概述

(1) 目的

培训工作是为了提高员工的知识、技能水平，更大程度地实现其自身价值，增强员工对企业的归属感和责任感，从而提高工作效率，增强企业的市场竞争力。

(2) 重要性

定位于多品牌全系统综合维修的大型汽车维修企业，要求技师队伍必须掌握多品牌、多车型的维修技术。因此，培训工作对于维修企业来讲尤为重要，特别是对于车间技术人员岗位。

从科学管理产能的角度来讲，在技术人员队伍的管理上，建议将技术人员分类分级，每个技术人员或技术人员小组有自己擅长的品牌车型技术，同时对技师进行分级管理，将所有技师对应定位在不同的级别。这样，服务顾问在开单派工时，就可以根据品牌、车型、故障难度等因素来有针对性的合理派工，既提高了工作效率，也确保了一次修复率，从而高效发挥技术人员产能并提高客户满意度。

(3) 培训分类

- 按培训实施主体，可以分为维修企业自行组织的内部培训（又可分为新员工入职培训和常规内部培训）和外部培训机构、合作企业提供组织的培训；
- 按培训知识，可以分为技术类培训（技术岗位）和服务管理类培训（非技术类培训，服务顾问、配件人员等）；
- 按培训渠道，可以分为网络平台自学（远程平台）、集中培训、辅导培训；
- 按培训等级，可以分为 F 级（基础级）、C 级（技工）、B 级（技师）、A 级（诊断工程师）。

(4) 培训工作管理职责

维修企业培训工作属于人事行政部管理，具体由人事行政专员执行。

(5) 培训要求

- 开业前一个月，所有岗位开始相关培训，如维修工具和设备、车间管理系统软件、客户接待流程；
- 按照地方法规，维修企业必须完成三级安全教育培训，并定期重复，必须保留员工签字确认的培训记录；
- 按照地方法规，钣金工、喷漆工必须参加职业健康危害培训，并签署职业病危害告知书；
- 明确培训责任人，包括技术和非技术类培训，安排年度外部培训计划并管理培训记录。

(6) 培训工作的关键时间节点

- 机修工在入职 3 年内，应完成相关培训并获得技能证书；

- 在企业正式营业 3 年内，30%以上的机修工应该获得高级技工证书；
- 在企业正式营业 6 年内，至少有 1 名诊断工程师或者助理工程师获得技师证书；
- 钣喷工每年至少参加 1 次相关的培训；
- 服务顾问应完成维修企业规定的相关服务和接待培训，并且至少有 1 名服务顾问完成保险理赔培训；
- 维修企业关键岗位（包括但不限于总经理/店长、服务经理、车间主任等）在入职2 年内应完成相关维修企业运营管理的课程；
- 配件员应在入职 2 年内完成各配件品牌供应商提供的汽车产品培训；
- 每个维修企业应该公开内部培训计划，确保店内 2 周 1 次培训，并做好相关培训记录。

（7）培训流程（图 8-2）

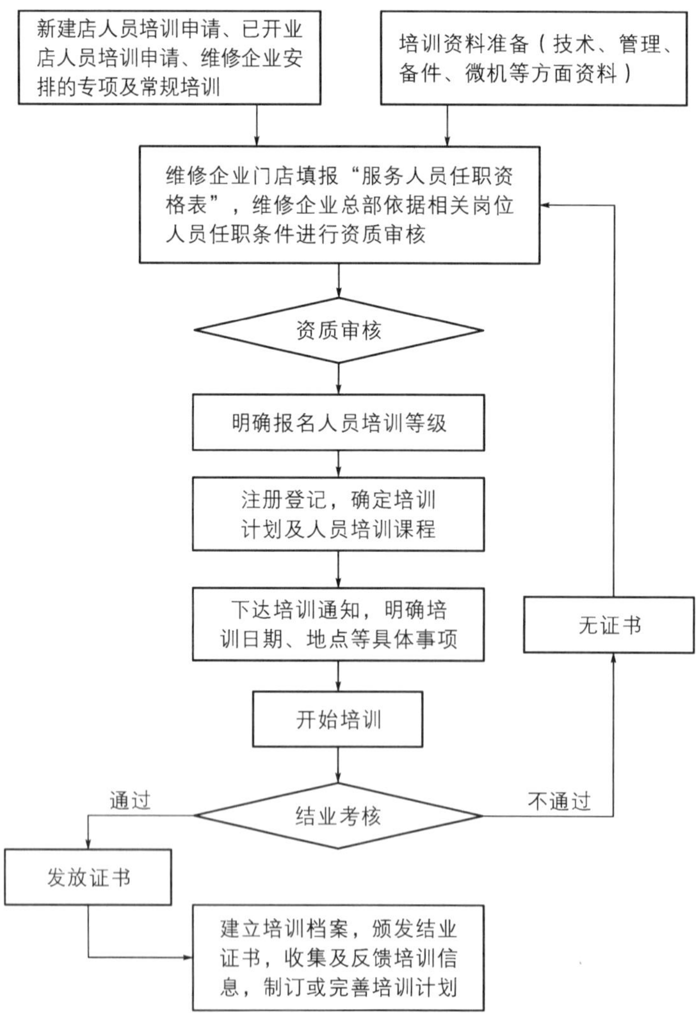

图 8-2　汽车维修企业门店人员培训流程

- 维修企业人员培训流程说明：维修企业人员培训分技术和管理两大类型。技术培训主要提供给各工种的维修人员及与维修保养作业有关的技术人员；管理培训主要提供给管理人员，包括总经理、服务经理、车间经理、配件主管、市场/客户经理、服务顾问等管理服务人员。
- 参加培训人员的基本要求：维修企业的员工培训由人事部门安排，具体的培训内容根据岗位决定；各门店应优先选派文化素质较高的管理和技术骨干参加培训；参加培训人员应自愿长期在本企业工作，勤奋好学、遵章守纪，有较强的工作责任心及积极性；建立参加培训人员的档案管理。

2. 内部培训管理

为持续提升维修企业服务人员业务水平及工作技能，有效满足维修企业日益增长的培训需求，维修企业应建立内部培训体制。维修企业应培养非技术内训师和技术内训师各 1 名。

（1）内训师职责

负责对其需要内训人员（不仅限于本业务岗位）的培训计划制订、培训主题的确定、课件的准备、培训的实施、培训总结的编写、考题准备及测试实施。

（2）培训内容及授课

由维修企业规定的必须进行内部培训的项目，包括新员工入职培训、新技术培训及其他相关培训等。

以新员工的岗前培训为例，见表 8-7。

表 8-7　新员工培训

课程名称	主要内容
企业概况/制度	维修企业品牌服务理念、服务政策、企业的概况、规章制度、员工行为规范、组织架构、部门功能、工作环境
日常管理	考勤、日常奖罚制度、礼仪等
岗位职责与业务规范	岗位职责、业务规范、基本工作流程
产品知识	产品基础知识、相应工具使用、安全教育

（3）培训实施

- 每工作周至少 1 次非技术内部培训，原则上培训时间不低于 1 个小时，培训形式根据课程要求或实际需要灵活掌握；
- 每工作周至少 1 次技术内部培训，原则上培训时间不低于 1 个小时，培训形式根据课程要求或实际需要灵活掌握。

由内训师或相关人员在规定的时间组织授课，并由专人对每次培训和每周技术例会的内容、时间、地点、出勤等做详细记录，填写在培训及会议记录中。

培训实施过程中，既要保证人员的出席，也需要共同维护培训纪律，以达到培训效果。因此，需制定违纪情况及相应的处罚，见表 8-8。

表 8-8　违纪考核标准

违纪现象	情况说明	考核标准
考核岗位未参训	对于培训通知要求参训的岗位或人员，未派员参加	根据人事政策通报批评，记入档案并影响薪资和职级调整
报名后未参训	报名成功后，无异常申请，且未参加培训	根据人事政策通报批评，记入档案并影响薪资和职级调整
参训岗位不符	未经允许，实际参训岗位和培训通知中指定的岗位不符	根据人事政策通报批评，记入档案并影响薪资和职级调整
冒名参训	未报名人员用已报名人员的名义参训	通报批评并实施整改
课堂违纪	未按要求携带培训相关资料	培训测试成绩扣 5 分
	考勤（迟到、早退、缺勤）	迟到、早退每发生 1 次，培训测试成绩扣 5 分；超过 3 次，不得参加培训测试。缺勤 1 天，培训测试成绩扣 10 分；缺勤 2 天，不得参加培训测试
	因故未参加培训中的测试（笔试、演练、技术操作）	参加下次培训测试
	培训上课期间随意走动、打电话、交头接耳	每发生 1 次，培训测试成绩扣 5 分；超过 3 次，取消培训资格
课堂违纪	培训测试期间作弊、左顾右盼，警告 1 次后仍有违反的	取消测试成绩，并通报批评
	培训期间未经授课老师同意，随意翻看、拿走、拷贝培训资料或试卷等	发生 1 次即取消测试资格，并通报批评
	培训期间不服从授课老师安排	发生 1 次即取消培训资格，并通报批评

（4）培训后事项

- 培训结束后根据培训内容和实际需求由维修企业自行策划及实施测试，检验培训效果，考核结果可纳入员工职业生涯规划及薪酬分配体系中；
- 内训师应在每月初第一周前对上月的内训情况进行总结，由内训师负责填写在“上月培训总结及当月培训计划”中，如果在总结中发现了上月培训中的不足，应该在总结中提出针对这些不足的改进措施，培训总结由服务经理审核；
- 应将历次培训信息整理并存档，档案包括“上月培训总结及当月培训计划”“培训及会议记录”和“员工培训档案”等内容。

8.4 员工绩效考核及离职辞退管理

8.4.1 员工绩效考核

1. 员工绩效

(1) 概述

① 绩效考核是在一定周期内科学、动态的衡量员工工作状况和效果的考核方式,通过制定有效、客观的考核标准,对员工进行评定,以进一步激发员工积极性和创造性,提高员工的工作效率和基本素质。

② 绩效考核使管理者明确了解下级的工作状况,通过对下级在考核期内的工作业绩的评估,充分了解企业员工的工作绩效,并在此基础上为员工的薪酬调整、职业生涯规划等提供依据。

(2) 绩效考核的原则

① 公开:考核过程公开化、透明化、制度化。

② 客观:用事实标准作为依据,切忌带入个人主观因素。

③ 反馈:考核结束后,考核结果必须反馈给被考核人,同时听取被考核人对考核结果的意见,对考核结果存在的问题作出合理解释或及时修正。

④ 可行性与实用性:考核指标科学有效、充分考虑不同岗位的特点。

⑤ 时限性:绩效考核反映考核期内被考核人的综合状况,不涉及本考核期之前的行为,不能以考核期内被考核人部分表现代替其整体业绩。

(3) 绩效考核指标及考核方式

① 绩效考核指标:指针对员工的工作岗位,对员工担当工作的结果进行评价,其指标可从工作数量、工作质量、工作准确性等方面衡量,业绩考核针对的是工作的完成状态,可直接体现出员工对企业的价值,是绩效考核的核心内容。

② 绩效考核方式:各部门根据企业对本部门的业绩要求,确定本部门各岗位员工的月度/季度/年度的重点工作、工作标准和工作成果,考核指标尽量做到可量化程度,考核周期结束,由员工直接上级对员工工作完成情况打分,确定周期内个人业绩考核得分。

(4) 绩效考核一般过程

① 绩效计划:绩效管理的第一个环节是绩效计划,它是绩效管理过程的起点,企业战略目标的实现,必须先将战略分解为具体的任务或目标,落实到各个岗位上,管理者应该与员工一起根据本岗位的工作目标和工作职责来讨论,明确在绩效计划周期内员工应该做什么工作、做到什么程度、何时完成以及员工决策权限等。

② 绩效实施:制订绩效计划之后,员工就按照计划开始工作,在工作过程中,管理者要对员工的工作进行指导和监督,对发现的问题及时予以解决,并随时根据实际情况对绩效计划进

行调整。绩效计划并不是在制订之后就一成不变，随着工作的开展会不断调整。

③ 绩效考核：绩效考核可以根据具体情况进行月考核、季考核、半年考核和年度考核。绩效考核是一个按事先确定的工作目标及其衡量标准，考察员工实际完成绩效的过程，在绩效实施过程中收集到的能够说明员工绩效表现的数据和事实，作为判断员工是否达到绩效指标要求的证据。

④ 绩效反馈与结果运用：绩效管理的过程不是为员工打出一个分数就结束了，管理者还需要与员工进行一次甚至多次面谈，以达到反馈与沟通的目的，通过绩效反馈与面谈，使员工了解自己的绩效，了解上级对自己的期望，认识自己有待改进的地方。传统绩效考核的目的是通过对员工的工作业绩进行评估，将评估结果作为员工薪酬、奖惩、晋升或降级的依据，而现代绩效管理目的不仅限于此，员工能力的不断提升以及绩效的持续改进和发展才是根本目的。

2. 员工有效激励

激励是员工管理中非常重要的一项工作，有效的激励方式和手段不但能提升员工的工作积极性和归属感，降低员工流失率，同时也会让企业的人力成本充分发挥效用。

(1) 有效的奖励和认可计划

有效的奖励和认可计划对提高员工满意度非常重要，这将带来成本的降低和利润的增加。有效的奖励和认可计划不一定需要花很多钱，但成功的奖励和认可计划必须：

- 对员工取得的成绩予以奖励，不只是增加印象分；
- 保证奖励程度与取得的成绩相符；
- 保证一致性和公平性；
- 让所有员工都知道和理解；
- 对接受奖励的员工来说，是有价值的。

(2) 奖励和认可计划举例

- 业绩奖金；
- 一次参加专业性培训或区域性活动的出差机会；
- 礼物和奖品；
- 月度优秀员工张贴光荣榜；
- 颁发证书；
- 对个人的赞赏——当工作表现出色时，给当事人的表扬和祝贺，不费成本但非常有效。

3. 员工流失管控

企业人才流失是人力资源管理中非常重要的一个问题，任何一个员工的流失都会给企业带来影响和损失。招聘一个新人来顶替流失员工岗位所付出的成本远远高于留住这个员工的成本，但员工流失给企业造成的损失往往是隐性的，不易察觉感知的，所以不能引起管理者的重视；而留着这个员工增加的那点成本却是显性的，往往被管理者盯住不放。

4. 员工满意度管理

在维修服务业务的执行过程中，不断地追求服务质量，提升客户满意度是我们的目标。但客户是否满意关键取决于为客户提供服务的主体——员工，而要想保证员工为客户提供专业热情的服务，首先要保证员工的满意，而工作环境、工作强度、团队建设、薪资福利、发展晋升等各种因素都会影响员工的满意度。

要了解掌握员工的满意度，才能不断地改进提升企业内部管理和团队建设等工作，才能让员工全身心投入工作中，发挥他们的最大能量，为企业创造更多的价值和财富。

因此，在日常管理中，非常有必要进行企业内部员工满意度的调研和掌握，以便指导管理工作改善和提升。

8.4.2　员工离职辞退管理

1. 员工离职管理

(1) 离职程序

- 员工应于离职前至少 1 个月向其主管及总经理提出离职请求；
- 离职员工填写离职申请表，经各级领导签署意见审批；
- 员工离职申请获准，到人事部门办理离职移交手续，企业应安排其他人员接替其工作和职责；
- 在所有必需的离职手续办妥后，到财务部门领取工资；
- 企业可出具离职人员的工作履历和绩效证明。

(2) 离职谈话

- 员工离职时，所属部门经理与离职人进行谈话，如有必要，可请其他人员协助；
- 员工离职时，人事经理应与离职人进行谈话，并交接工作；
- 离职员工因故不能当面会谈的，应通过电话交谈。

(3) 离职手续

- 离职员工应移交工作及物品；
- 清算财务部门的领借款手续；
- 转调人事关系、档案、党团关系、保险关系；
- 离职人员若到竞争对手公司就职，应迅速要求其交出使用、掌握的公司专有资料；
- 离职人员不能亲自办理离职手续时，应寄回有关公司物品或请人代理交接工作；
- 没办理交接手续或交接手续不全的，扣发当月工资，待交接手续完全后，方可离职。

(4) 工资福利结算

- 离职员工领取工资，享受福利待遇的截止日为正式离职日期；
- 离职员工结算款项。

2. 员工辞退管理

(1) 辞退员工条件

满足下列条件之一的，予以辞退：

- 违反国家法律法规者，侵害公司利益者；
- 有违纪情况严重或违纪数次屡教不改者；
- 故意或过失泄露公司秘密，未经领导同意擅自将公司文件、表格、数字、技术资料透露给公司以外人员的；
- 为他人刺探、窃取、收买或违章提供公司秘密；
- 自营或为他人经营本公司相关业务或兼任公司以外职务；
- 私自把本公司客户介绍给外单位的；
- 收受客户礼品、回扣，接受客户吃请，收受红包的。

(2) 辞退程序

- 对准备辞退的员工，由本部门提出书面申请，说明具体情况，交人事部门；
- 人事部门对各部门反映的具体情况应立即报总经理，批准后进行调查处理；
- 对员工的辞退处理必须弄清事实，经过会议讨论，征求有关部门意见，并允许受处分人员进行申辩；
- 人事部门拿出书面处理意见，呈报总经理批准；
- 辞退员工经批准后，由人事部门按相关规定办理交接手续；
- 辞退的员工，公司不受理员工的复职要求。

(3) 辞退的争议处理

辞退员工产生争议的，可提请当地劳动部门处理。

8.5 企业行政管理

企业行政管理是企业管理与行政管理相结合而产生的一个概念。企业行政管理既非一般的政府行政管理，也非企业管理，其含义是指以行政部门为主，负责行政事务和办公事务，包括相关制度的制定和执行、日常办公事务管理、办公物品管理、文件资料管理、会议管理、涉外事务管理，以及出差、固定资产、生活福利、车辆、印章、安全、卫生管理等。

8.5.1 行政管理职能与特点

1. 行政管理职能

企业的行政管理体系是企业的中枢神经系统。它是以总经理为最高领导，由专门行政部门组织实施、操作，其触角深入企业的各个部门和分支机构的一个完整的系统、网络。行政管理体系担负着企业的管理工作；企业中除行政管理之外的工作，都是某个方面的“业务”。

行政管理体系推动和保证着企业的技术、生产、经营几大块业务的顺利、有效进行和相互之间协调。通过充分利用和合理调配企业的人力、物力、财力、技术等资源，调动广大员工的积极性、主动性和创造性，提高企业的经济效益，加快企业发展。

2. 行政管理特点

（1）公共性：行政管理是企业内部各部门均会涉及参与的一个管理活动。

（2）权威性：行政管理的有效形式建立在企业内部组织架构的上级权力与权威基础上，上级行政机构没有相应的权力和权威就不能下达命令、指示或规定。

（3）规范性：行政的重要工作内容之一就是确保各项工作按照既定流程、制度执行。

（4）执行性：主要体现在对于各种规章制度的执行。

（5）效率性：由于企业行政管理使用命令、指示等来调整人、财、物、产、供、销等生产经营活动，手段和方式直接具体，而且具有较强的针对性，同时又配以对违抗管理的惩罚措施，因而能迅速发挥作用。

（6）机密性：行政管理岗位特殊，是最靠近企业高层领导的部门，常涉及企业机密问题。

8.5.2　行政管理的原则

（1）廉洁原则。

（2）管理高效原则。

（3）责任原则。

（4）透明原则。

（5）依法管理原则。

（6）服务原则。

8.5.3　行政管理内容

（1）会议接待管理。

（2）文档资料、印章管理。

（3）车辆管理。

（4）固定资产管理。

（5）办公用品管理。

（6）保安、保洁管理。

（7）安全生产管理。

8.5.4　行政管理制度

企业的行政管理部门都建有完善的企业行政管理制度汇编文件，具体的制度细则基于企业的差异会有所不同，我们以印章档案管理制度为例，供维修企业行政部门参考编制企业的行政管理制度。

(1) 加强企业行政事务管理,使各项管理标准化、制度化,提高办事效率。

(2) 行政事务包括档案管理、印鉴管理、公文打印管理、办公及劳保用品管理、报刊管理等。

(3) 归档范围:企业的规划、年度计划、统计资料、科学技术、财务审计、劳动工资、经营情况、人事档案、会议记录、决议、决定、委任书、协议、合同、项目方案、通告、通知等具有参考价值的文件材料。

(4) 档案管理要指定专人负责,明确责任,保证原始资料及单据齐全完整,密级档案必须保证安全。

(5) 档案的借阅与索取:

- 总经理借阅非密级档案可通过档案管理人员办理借阅手续,直接提档;
- 企业其他人员需借阅档案时,要经总经理批准,并办理借阅手续;
- 借阅档案必须爱护,保持整洁,严禁涂改,注意安全和保密,严禁擅自翻印、抄录、转借、遗失,如确属工作需要摘录和复制,凡属密级档案,必须由总经理批准后方可摘录和复制。

(6) 档案的销毁:

- 任何组织或个人非经允许无权随意销毁企业档案材料;
- 若按规定需要销毁时,凡属密级档案须经总经理批准后方可销毁;
- 经批准销毁的企业档案,档案人员要认真填写、编制销毁清单,由专人监督销毁。

(7) 企业印鉴由人事行政部负责保管。

(8) 企业印鉴的使用一律由总经理签字许可后管理印鉴人员方可盖章;如违反此项规定,造成的后果由直接责任人负责。

(9) 企业所有需要盖印鉴的介绍信、说明及对外开出的任何公文,应统一编号登记存档,以备查询。

(10) 企业一般不允许开具空白介绍信,证明如因工作需要或其他特殊情况确需开具时,必须经总经理签字批条方可开出,持空白介绍信外出工作回来必须向企业汇报其介绍信的用途,未使用的必须交回。

(11) 各部门使用公章时必须先由主要负责人书面汇报主管部门说明原因。需要登记存查的必须登记;如公章需带出企业,必须经企业负责领导同意后登记盖章,写明理由、使用时间、去向,签字后方可领用。用完后及时送交并书面注销。印鉴带出使用的,按批准的专项用途使用,严禁挪作他用,一经发现,严肃处理。

(12) 企业公文的打印由各部门对口负责,需外出打印的经部门负责人签字后,由人事行政部门办理。

(13) 需外出印刷的物品,经部门负责人签字后,由人事行政部门进行审批后办理。

8.5.5 行政文件审批传阅规范

(1) 行政文件须经企业有关领导签发后方可印发生效;未按行文程序办理的文稿,一般不予签发。

(2) 凡属对外公文，由总经理签发，特殊情况由经授权的其他领导签发。

(3) 凡属内部行文，按工作分工由各主管总监签发。遇重大事项文件，由总经理签发。

(4) 行政文件的传阅、复印、销毁由企业行政部门统一管理，复印的文件应与正式印发的文件同样管理。

(5) 日常文件管理由各职能部门兼职档案员负责，员工调离工作岗位时，不得将个人保管或借用的公文带走，应按有关规定移交、退还。

(6) 各部门各类文件、资料要分类管理，年终时按年度装订成册。

8.5.6　文控管理

1. 文控管理目的

(1) 增强文件、档案安全性和保密性。

(2) 确保各类文件具有有效性、准确性、规范性、可追溯性。

(3) 规范文件、档案编写格式和使用。

(4) 保证指导性文件的及时传达。

2. 文件的分类与分级

(1) 文件分类

- 内部文件：企业内部的各种文件。
- 外来文件：有关法律法规；相关国家、地方及行业标准；其他适用的外来文件。
- 厂家文件：厂家下发的各类管理类文件、技术类文件、政策类文件等。

(2) 文件分级

- 一级文件：方针目标类文件。
- 二级文件：程序文件。
- 三级文件：支持性文件。
- 四级文件：各种记录文件。

3. 文件编码规则

(1) 公司代码：如博世车联维修企业—用名称汉语拼音的首字母，BS。

(2) 部门代码：财务部—CW。

(3) 级别代码：一级文件—01；二级文件—02；三级文件—03；四级文件—04。

(4) 年份代码：2014 年—14。

(5) 月份代码：10 月—10。

(6) 文件序号：第 15 个文件—015。

4. 文控管理流程(图 8-3)

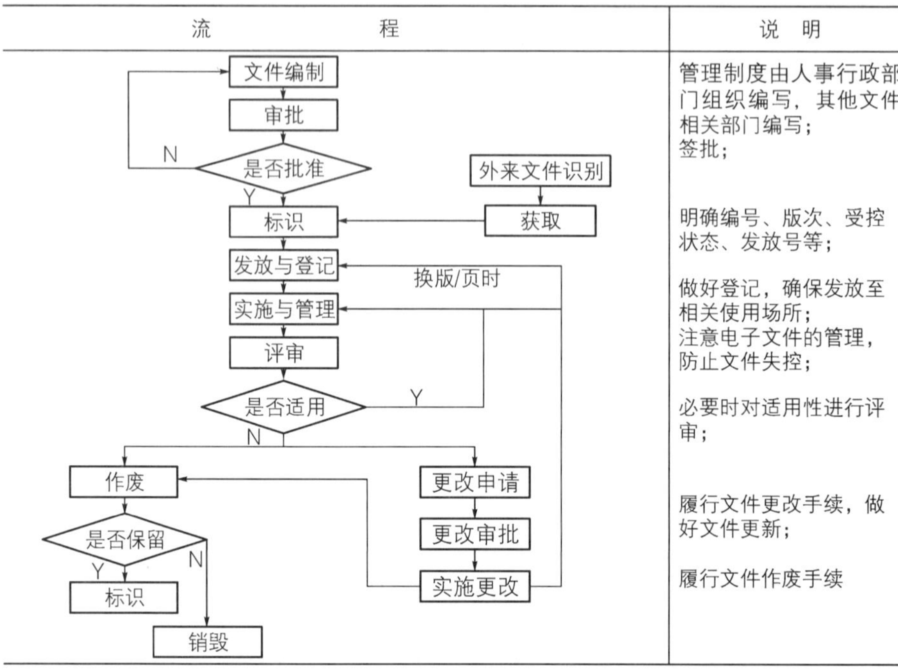

图 8-3　文控管理流程

8.6　财务操作准则及管理总则

8.6.1　操作准则

1. 独立性

为了确保汽车维修企业顺利开展各项业务，防范经营风险和财务风险，企业应完善法人治理结构，逐步形成法人独立、经营独立、资产独立、财务独立的企业运营管理模式。

2. 会计核算及数据上报

(1) 汽车维修企业定期上报相关的财务报表及数据。

(2) 数据的真实性、合法性、准确性和完整性是企业的责任。

8.6.2　管理总则

(1) 财务管理工作必须严格执行会计制度、财经纪律，加强宏观控制和微观管理，以提高经济效益，壮大企业经济实力为宗旨。

(2) 财务管理工作要贯彻“勤俭办企业”的方针，勤俭节约，实行精细化管理，合理运用资金，节能降耗，增加积累。

(3) 健全财务管理的各种规章制度，编制财务计划，反映和分析企业计划的执行情况。

(4) 检查监督财务纪律，保障财会人员依法行使职权和履行职责。

(5) 支持财会人员坚持原则、秉公办事。杜绝对敢于坚持原则财会人员的打击报复行为，对敢于坚持原则的财会人员予以表扬或奖励。

(6) 会计人员必须严格执行“企业会计制度”和企业财务内部管理制度。

8.7 财务部门职责

(1) 遵守企业章程，编制企业的财务计划、信贷计划和财务报告等，落实计划的完成情况，对执行中存在的问题提出改进措施，指导各项财务活动，考核生产经营成果。

(2) 制定企业的各项财务、会计管理制度，建立财务、会计管理体系和内部控制制度，实施财务会计监督。

(3) 组织财务收支、成本费用的预测、计划、控制、分析、考核、决策和业绩评价，做好财务报告分析。

(4) 正确处理企业与工商、税务、银行等各职能部门的业务关系。

(5) 坚持原则，廉洁奉公。对于违反财经纪律和公司制度的事项，财务人员必须拒绝执行，保证企业财产安全完整。

(6) 履行岗位职责，相互配合，实现会计的反映职能、信息支持职能和监督职能。

(7) 筹措资金并有效地运用资金，保证企业运营所需。

(8) 协助完成企业财产、物资的定期盘存工作，对盘点中发现的盘盈、盘亏、损坏、报废等情况，经领导批准后进行调账处理。

(9) 根据国家统一规定，提取各项税费，正确归集成本、费用并合理分摊，保证会计数据的真实性和准确性，为企业领导决策提供可靠依据。

(10) 财务部门除做好本部门各项业务工作外，还应负责对财务相关业务岗位上的人员进行指导。

(11) 保守企业商业秘密，全面完成企业下达的各项任务指标及其他临时性任务。

8.8 会计核算原则及规范指导

8.8.1 会计核算原则

(1) 汽车维修企业执行《中华人民共和国会计法》和国家统一会计制度的规定建立会计

账册，进行会计核算，及时提供合法、真实、准确、完整的会计信息。

(2) 企业的会计核算应当以实际发生的交易或事项为依据，会计核算方法前后各期应当保持一致。对同一会计期间的各项收入及其相关的成本、费用应当在该会计期间内确认。

(3) 会计年度自公历 1 月 1 日起至 12 月 31 日止。

(4) 会计核算以人民币为记账本位币。

(5) 记账方法采用借贷记账法，记账原则采用权责发生制。

(6) 会计凭证、账簿、报表中文字记录用中文记载；数字用阿拉伯数字记载。必须使用黑色、蓝黑墨水书写，会计制度规定的其他可以用红字登记的会计记录除外。

(7) 会计资料的内容必须符合国家统一会计制度的规定，不得伪造、变造会计凭证和会计账簿，不得设置账外账，不得报送虚假会计报表。

(8) 企业各部门收益与费用的计算，实行独立考核。

(9) 其他填制会计凭证、登记会计账簿、编制财务报告等会计核算内容均按国家统一会计制度的规定执行。

8.8.2 汽车维修企业会计核算及规范指导

1. 主要会计科目使用说明

(1) 货币资金

- 银行存款：本科目核算汽车维修企业存入银行的票据保证金、银行借款质押金、其他受限资金、非受限资金存款。企业的银行本票存款、银行汇票存款、外埠存款、信用证保证金存款、定期存款、限定用途只受限存款等均在“其他货币资金”科目核算，不在本科目核算。
- 其他货币资金：本科目核算汽车维修企业的其他现金资产，包括保函、信用证保证金、银行本票存款、银行汇票存款、外埠存款、定期存款、存出投资款、限定用途只受限存款等各种其他货币资金。除限定用途的存款外，其他存款均为非受限资金。

(2) 应收票据

本科目核算汽车维修企业因销售零配件，提供修理劳务等而收到的商业汇票，包括银行承兑汇票和商业承兑汇票。应按照“售后业务”“其他业务”设置二级明细科目。

- 售后业务：核算汽车维修企业提供售后服务等而获得的票据。
- 其他业务：核算汽车维修企业提供其他销售业务而获得的票据。

(3) 应收账款

本科目核算汽车维修企业配件销售、提供修理劳务等应向购货单位或接受劳务单位收取的款项。应按照“售后业务”“其他业务”设置二级明细科目。

- 售后业务：核算提供售后服务等应收的款项。

➢ 其他业务：核算其他业务、租赁业务等应收的款项。

（4）预付账款

➢ 按照“售后业务”“其他业务”设置二级明细科目。

➢ 核算汽车维修企业向供应商采购配件预付的款项。

（5）其他应收款

本科目核算汽车维修企业除应收票据、应收账款、预付账款等以外的其他各种应收、暂付款项，包括企业应收关联方、非关联方的各种垫付款项。设置“关联方”“非关联方”二级明细科目。“关联方”是指在企业财务和经营决策中，如果一方有能力直接或间接控制、共同控制另一方或对另一方施加重大影响。

➢ 关联方：核算汽车维修企业应收关联方的各种垫付款项。

➢ 非关联方：核算汽车维修企业应收非关联方的各种垫付款项。

（6）坏账准备

本科目用以核算汽车维修企业提取的坏账准备。汽车维修企业应当定期或者至少每年年度终了，对应收款项进行全面检查，预计各项应收款项可能发生的坏账，对于没有把握收回的应收款项，应当计提坏账准备。设置“应收账款”“其他应收账款”二级科目。

（7）存货

本科目核算加盟店售后业务的零部件配件，附加件及其他存放在仓库的商品。应在存货下设置“库存商品”“物资采购”“低值易耗品”二级明细科目。

“低值易耗品”是指不能作为固定资产的各种用具物品，如工具、管理用具、玻璃器皿以及在经营过程中周转使用的包装容器等。低值易耗品采用一次摊销法核算。

➢ 零部件和配件：核算购入的零部件和配件。

➢ 附加件：核算购入的附加件。

（8）固定资产

本科目核算汽车维修企业固定资产的原价。固定资产是指为提供售后业务，出租或经营管理而持有的，使用年限超过一年的，单位价值较高的有形资产。应结合企业的具体情况，制定适合于企业的固定资产目录，按大类将固定资产分为“房屋建筑物”“维修设备”“运输工具”“装修费”“其他”并设置二级明细科目。

装修费是核算装修维修场所、办公场所等发生的费用。

（9）累计折旧

本科目核算固定资产的累计折旧。按“房屋建筑物”“运输工具”“装修费”“其他”设置二级明细科目。除“已提足折旧仍继续使用的固定资产”以及“按规定单独作价作为固定资产入账的土地”外，加盟店应对所有固定资产计提折旧。

装修费在两次装修期间与固定资产尚可使用年限两者中较短的期间内采用合理方法单独计提折旧。计提折旧装修费的折旧时，不留固定资产残值。

(10) 在建工程

本科目核算汽车维修企业进行基建工程、安装设备、技术改造工程、技术改良等发生的实际支出,包括需要安装设备的价值。应当设置“房屋建筑”“维修设备”“运输工具”“装修费”“其他”二级明细科目。

(11) 无形资产

本科目核算汽车维修企业为提供维修服务、出租给他人或为管理目的而持有的,没有实物形态的非货币性长期资产。主要包括专利权、非专利权、商标权、软件使用权、土地使用权等。应按“土地使用权”“软件”“其他”设置二级明细科目。

- 土地使用权:核算汽车维修企业在一定期间内对国有土地享有开发、利用、经营的权利。
- 软件使用权:核算包括各种系统、软件、程序的使用权。

(12) 短期借款

本科目核算汽车维修企业向银行或其他金融机构等借入的期限在一年内(含一年)的各种借款。应按“金融机构”设置二级明细科目。

- 抵押:核算汽车维修企业或者第三人不转移对财产的占有,将该财产作为债权担保的业务。
- 保证:核算第三方为汽车维修企业向金融机构贷款做担保的业务。
- 质押:核算汽车维修企业未获得银行贷款而支付的质押金,以企业或第三人的动产或权利作为质押。
- 信用:核算除上述方式以外的其他方式获得银行贷款。

(13) 应付票据

本科目核算汽车维修企业购买配件和接受劳务供应等开出的商业汇票,包括银行承兑汇票和商业承兑汇票。应按“商业承兑汇票”“银行承兑汇票”设置二级明细科目。

核算汽车维修企业向供应商采购零配件等开具的票据。

(14) 应付账款

本科目核算汽车维修企业因购买配件和接受劳务供应等而应付未付给供应单位的款项。应设置“售后业务”“其他业务”二级明细科目。

(15) 应付工资

本科目核算汽车维修企业应付给职工的工资总额。总括在工资总额内的各种工资、奖金、津贴等,不论是否在当月支付,都要通过本科目核算。不包括在工资总额内发给职工的其他款项,如医药费、福利补助、退休费等。

(16) 应交税金

本科目核算汽车维修企业应缴纳的各种税金,如增值税、消费税、营业税、所得税、资源税、土地增值税、城市维护建设税、房产税、土地使用税、车船使用税、个人所得税等。企业缴纳的印花税、耕地占用税以及其他不需要预计应交数的税金可以不在本科目核算。

2. 会计管理注意事项

(1) 现金管理

- 应当定期和不定期的盘点现金,确保现金账面金额与实际库存相符。
- 原则上只有收到现金或银行存款后才能开具发票。
- 加强现金库存限额的管理,超过库存限额的现金应及时存入银行。结合实际情况,确定本单位现金开支范围。不属于现金开支范围的业务应当通过银行办理转账结算。
- 单位现金收入应当及时存入银行,不得用于直接支付单位自身的支出。因特殊情况需坐支现金的,应事先报经开户银行审查批准。
- 单位取得的货币资金收入必须及时入账,不得私设“小金库”,不得账外设账,不得“坐支现金”,不得“白条抵库”,严禁收款不入账。

(2) 银行存款管理

- 每月末编制银行存款余额调节表。
- 销户银行取得销户证明。

(3) 票据管理

- 不准签发没有资金保证的票据或远期支票,套取银行信用。
- 票据的签发、取得和转让,应当遵循诚实信用的原则。不准签发、取得和转让没有真实交易和债权债务的承兑汇票,套取银行和他人的资金。
- 汇票的出票人必须与付款人具有真实的委托付款关系,并且具有支付汇票金额的可靠资金来源。
- 加强与货币资金相关的票据的管理,明确各种票据的购买、保管、领用、背书转让、注销等环节的职责权限和程序,并设置备查簿进行记录。
- 开出的支票应填写完整,禁止签发空头支票。
- 财务专用章应由专人保管,个人名章必须由本人或其授权人员保管。严禁一人保管支付款项所需的全部印章。
- 尚未到期已贴现的承兑汇票应留有复印件。
- 定期对票据进行盘点,做好盘点记录。

(4) 存货期末盘点

期末或年度终了对零配件进行盘点,应当编制“零配件盘存报告单”,并将其作为存货清查的原始凭证。经过零配件盘存记录的实存数与零配件财务账面记录核对,若账面零配件数量小于实际零配件,为零配件盘盈;反之,为零配件盘亏。对盘盈盘亏的零配件要查明原因并进行账务处理。经过库存台账记录的实存数与管理系统数据的核对,编制差异调节表;经过财务账与库存台账记录的核对,编制差异调节表。

(5) 固定资产期末盘点

期末或年度终了对固定资产逐项进行检查,如发现固定资产存在减值的迹象,应当按可收回金额低于账面价值的差额计提固定资产减值准备，并计入“营业外支出”。

(6) 主营业务收入

- 依据《中华人民共和国发票管理办法》对销货发票的领购、开具和保管等进行严格控制，并保证其合法、真实和正确。
- 发出商品或提供劳务之后，财会部门严格执行结算制度，恰当地选用结算方式及时进行款项结算并确保结算的正确无误。
- 销售退回需经授权批准，会计处理应及时正确。
- 主管业务收入应按权责发生制进行确认，利于收入与成本的配比。

(7) 其他业务利润

- 企业所发生的其他业务收入均应入账，进行相应的账务处理。
- 在进行会计核算时，应将一定时期内的其他业务收入与其所发生的其他业务成本相配比。

(8) 费用

- 使用经费的各部门、各单位应按规定的审批权限和程序进行审批，财会部门的审查、稽核、记账应由不同人分管。
- 各项费用开支应取得真实、合法的凭证，并按规定程序经开支部门、单位主管人员审批，应及时经财会部门审核无误后入账。

(9) 建立备查簿制度

- 已贴现尚未到期的承兑汇票。
- 其他各种票据。
- 分得股票股利。
- 其他认为必要的事项。